# 勇敢出發吧！
## 退休後我去日本留學
## LONG STAY

讓自己再冒險一次，活出想要的樣子，
到日本實現學習、旅居、體驗異國文化
的第二人生

呂志興　著

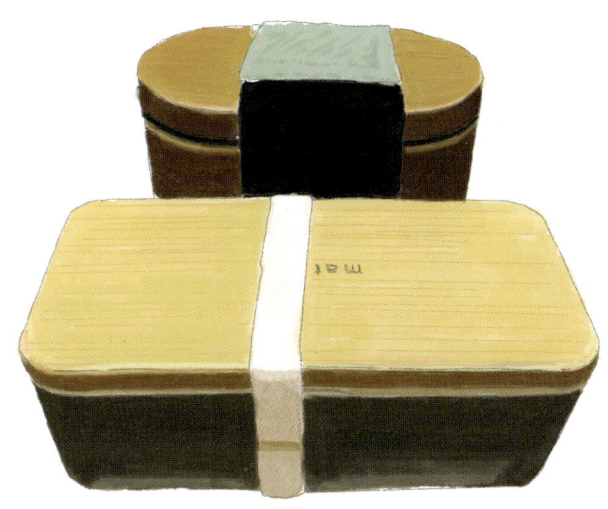

# 目　次

序／人生不能想太多　7

## Part1　準備 step by step

申請學校　10

語言程度　11

準備行李　12

日本住宿　15

辦理手機門號　16

郵局開戶流程　17

專欄1／除了語言學校，還有其他較經濟實惠的　18
　　　　學習選擇嗎？

專欄2／要如何找到適合的住宿地點？　20

## Part2　求學生活 day by day

留學生活體驗實錄　24

專欄3／留學的目的　59

## Part3　有趣的日本發現

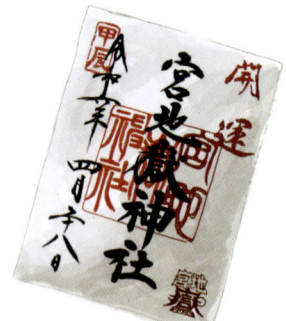

### 日常生活觀察　62
福岡的垃圾和回收物怎麼丟／日本車牌／
日本的材料科學／超市比一比／公園設施

### 福岡的祭典 74
博多咚打鼓港祭／博多祇園山笠

### 留學生要搬家 78
找房子／申請團地住宅／我的團地我的家

## Part4 小旅行好好玩

### 鐵馬自由行 86
行程一　太宰府天滿宮／行程二　源泉野天風呂　那珂川清滝／行程三　能古島／行程四　宮地嶽神社／行程五　志賀島

### KKDAY 旅遊 94
行程一　高千穗峽谷／行程二　由布院與別府溫泉／行程三　阿蘇火山行

### 自駕四日行 108
第一天　下關、山口縣、廣島／第二天　吳市／第三天　世羅高原農場／第四天　回福岡

## 附錄

### 出國前，必須先知道的事 118

### 出發前，台灣住家的安排 120

### 團地介紹與 UR 申請流程 122

### 在日本的花費 124

## 後記／每個人都可以活出自己想要的樣子 126

### 我是ゆま（Gibirice）

退休人士，愛吃米飯！現年60+。

日常生活可以很規律，但興趣很多變；唯一不變的就是喜歡追求新鮮有趣的事物！常常做出人意表的事，突然想騎重機，就去買；想騎單車，也去買，一直騎到武嶺；想跟團爬山，被要求要完成合歡北峰，於是奮發騎車連帶爬山，一天一夜完成了！

想去日本留學，便找補習班完成《大家的日本語》12課課程，後來自學讀到20課。

### 她是よしこ（Sonia）

我的太太！她也退休了，現年60+。

日常生活也很規律，但每隔十年就會給自己找一個生活重心。不變的是對旅行和語言學習的興趣。

喜歡慫恿老公（我）去做、去吃、去買任何自己有興趣的事物！所以當我準備去日本留學，當然就是跟著去！雖然可愛的孫子才剛出生，還是毅然決然出發去日本。第三人生的重點絕對是自己和伴侶！

我們這次決定來福岡，有兩個主要目的：一是學習日文，二是體驗生活，因為想要有更多的時間Long Stay，想要實現更深度的旅遊。

# 人生不能想太多

　　這是一個標準的老人留學故事，也是一個很驚艷的旅行故事，別人有的、我們不一定有；別人沒有的、我們也不一定沒有，我們勇敢的踏出第一步，開創人生的新生命，再次寫下一個新的故事。

　　人生新的里程碑就要開始了，心裡既是興奮期待又是緊張，二個白髮老人，我（ゆま，悠馬）和我太太（よしこ，淑子）加起來一百三十歲了，要去日本福岡留學念語言學校。

　　很離譜的是即將要出發前往報到，我日語五十音的片假名到現在都還是常常忘記。所幸我早已跟承辦單位打了預防針：我們只是要去體驗生活，就是俗稱的Long Stay，並不是要拿學位，最多也只能以學生名義停留二年而已！

　　在出發前就知道，到時上課可能會進行能力分班，我也明確告知我不只不是N5程度，還要往下再Down到N10，這讓かない＊很緊張，她一直想要跟我同一班上課，好就近照顧，而且打理生活也比較方便。她是讀書人，而我就只會混，但她一直強調我很聰明，別人念書念得要死，而我光是用混的就能混出個名堂。

　　她給了我很多信心，所以就決定這樣做了，人生不能想太多。

──ゆま

＊注：かない，妻子、太太的意思。

# Part 1

## 準備
## Step by Step

這次的日本行，開啟了人生很多的第一次，出發前的安排與準備很不容易，不但要收拾行李，還有很多其他瑣事，到了日本也有很多待辦事項要處理。

很多人都好奇，我們來日本留學手續會不會很複雜？要不要花很多錢？若以我們為例，其實手續並不會很複雜，我們也將費用控制在自己可以負擔的範圍之內。

在台灣，我們是先在日語補習班上課，我們選擇的這家補習班有協助代辦留學事務，所以一切就交給留學部門人員代辦。

台灣到處都有日語補習班，只要找到適合自己上課時間，且有代辦留學事務的任何一家補習班都可以，報名之後開始上課，然後告訴補習班上完課後有出國留學的計畫，那麼補習班就會安排幾個地區的學校讓你選擇（如東京、大阪、北海道、九州等），每個地區都有不同的特色，可以依照個人喜好選擇其中一個地方的學校。我們這次選擇了九州福岡的南區。

為什麼選擇九州福岡呢？因為福岡距離台灣較近，機票相對便宜，生活費也較東京、大阪等地經濟，氣候差異也比較小，人民的熱情度也更接近一點，再加上福岡機場離市區近，往返台灣十分方便。

在決定了學習的地區及學校之後，代辦就會幫忙聯絡日本學校以及協助申請留學簽證、住宿等。到了日本（福岡機場就在市區），學校就會安排人員接機，也會協助學生申請日本手機號碼、銀行和郵局開戶\*等事宜。

如果要自己找外面的房子，也可以在台灣透過留學中心完成！要注意的是：申請時間要提早，至少半年到四個月以前申請比較安全。

＊註：在日本的手機申請是我們自己辦的，一般販賣手機的大賣場會有申辦的地方，或是直接找電信公司的門市辦理。
銀行也是我們自行去開戶，需攜帶在留卡、住民票、學生證等文件，因為詐騙案太多，為防範詐騙及洗錢，現在銀行開戶有變嚴格的趨勢，請記得事先預約並預留2小時的時間。
至於郵局開戶則是由學校協助辦理。

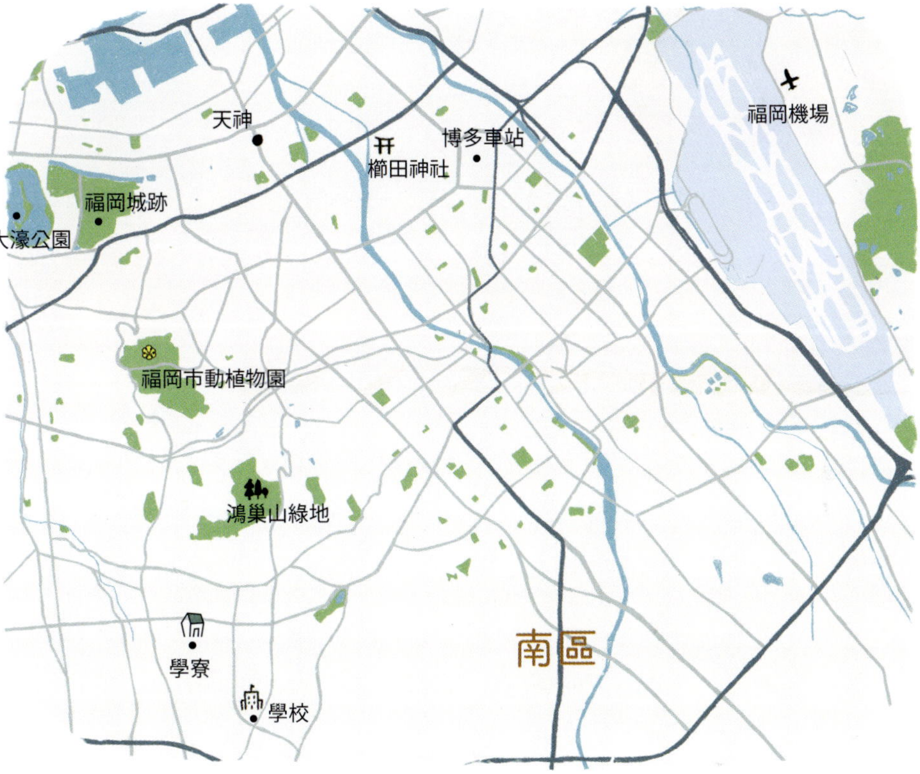

勇敢出發吧！
退休後我去日本留學
LONG STAY

學校與學寮位置圖

**step 02　語言程度**

　　如果想盡快融入語言學校的課程，依我們的經驗以及補習班的建議，至少要學完《大家的日本語》12課左右，最好是學到25課，就會比較輕鬆自在了。

　　語言學校都是從五十音開始，純日語授課，班上同學通過N5考試的大有人在，所以進度非常快，有時候一星期就上完兩課。同樣從五十音開始的，還有一個下午班，進度比較慢，仍然是全日語授課。程度超優者，例如已經是N2合格的，才會從精進班開始。

11

### 個人文件

護照（確保有效期至少1年）、居住證或在留卡（到達後辦理）、日本的位址和緊急聯繫資訊、健康紀錄。

### 衣物

我們是四月初抵達福岡，所以先帶了夏天的衣服，準備等到八月回台時再換帶長袖的衣物，為了減輕行李箱空間，也知道此行的日本住宿空間非常狹小（14平方公尺，約4.2坪），東西越少越好。我們先把禦寒的厚外套穿在身上，到了飛機上才脫下來，也算偷渡了二件。

我個人只帶了兩雙羊毛襪（平時爬山用的襪子）、三件長褲（含一件車褲）、四件短袖上衣（含朋友送的台日友好車衣兩件）、五件內褲，連拖鞋都沒有帶。

かない則帶了一雙包頭低跟鞋、一雙拖鞋、四件內衣褲、一件車褲、一件車衣、一件薄的牛仔褲、三件夏天洋裝、三件七分袖上衣，以及泡野湯的比基尼。

## 書和文具

留學當然要有留學的樣子,所以我們買了《大家的日本語》(26～50課)一整套三大本,我因為老花眼,買的還是A4尺寸的大字版,再加上永漢的教材(1～25課)兩大本。兩個人各帶自己的書,不能共用。

かない另外還帶了三本文法書(果然是好學生)。她用了一個很久之前別人送她的禮物來當鉛筆盒,我則打算到日本再買鉛筆盒,先帶了一年份的原子筆和筆記本。

## 藥品

藥品對於長期離開家鄉的年長者來說,非常重要。除了一些日常備藥,如胃腸藥、感冒藥之外,若是有慢性病連續處方箋者,根據衛生福利部規定,若預定出國超過2個月,可在領藥時提供相關證明文件(如機票),可一次領取該慢性病連續處方箋之總給藥量(當次全部給藥量以3個月為限,超過的部分要自費購買)。

但かない是維他命的信徒,所以沒準備任何腸胃藥、感冒藥,只準備維他命,以及她個人的慢籤藥,維他命其實佔據了很多行李空間。我們是拿一年有效期的在留卡,也加入日本國民健康保險,所以在日本是有健保的(也持續繳台灣的健保費),看醫生的自付額大約30%,包含慢性病也可以使用(健保就醫這件事,也是來了之後才知道的,原本以為只有學生平安險而已)。

其實在八月回台灣洗牙的時候,牙醫還建議かない在日本看牙就好,因為日本的鑲嵌技術堪稱一流,充分展現了日本的職人精神!

### 生活用品

我的牙齒不好，所以かない特別幫我準備了電動牙刷，她自己則用一般牙刷。此外還帶了牙膏、護膚品及一隻唇膏。

另外，留學生必備的大同電鍋我們也帶了，還是十人份的，內鍋則帶六人份的，大同電鍋不論是煮飯、燉湯都很合適。

かない也重視喝水的口感，所以即使日本的水號稱可以生飲，她也帶了濾水壺和四個濾心。至於吹風機等，她反而捨棄，到了再買吧！

### 電子設備

為了替這次的日本行做紀錄，我決定買台新筆電，我自己是用esim卡，所以只需要一支手機，但かない怕esim卡以後換手機有移轉費用，所以到日本要再辦一個手機門號，需要兩支手機，因此就再買了一支新手機，結果當下只有Apple 15 pro有現貨，價錢竟比我的筆電還高。

### 特殊物品

我們將家裡的兩台腳踏車，請捷安特店家幫忙拆解並打包好，跟隨此次行李一起空運到日本（我是想假日可以騎車當短程旅行，也當做運動）。順便也帶了六角螺絲起子一套，和一根車行老闆指定的凸型

打包好的腳踏車

勇敢出發吧！
退休後我去日本留學
LONG STAY

六角螺絲起子以便組裝，當然也事先向學校的接機人員報備。至於想在日本唱演歌的小型卡拉OK，實在是沒辦法再帶了。

かない本來跟朋友借了一個28吋的行李箱，但最後我們一人各用了一個24吋的行李箱和一個大購物袋就搞定了。我的原則就是：不要為此而買大的行李箱，因為到了日本可能也沒地方放。

## step 04　日本住宿

學寮外觀

我們在日本第一個住宿地點（學寮）也是由語言學校協助處理，但到了日本之後發現和代辦提供的房間照片完全不一樣，沒有電視也沒有像樣的衣櫃。而且學寮計費方式是算人頭，不算房間，所以我們兩人擠在一間單人房裡，但每個月得付兩個人的住宿費用。

唯一的優點是我們被分配到邊間，有兩扇窗，還有東西日照，空氣對流比較好！但是室內空間非常小，也沒有打掃乾淨，馬桶的髒污情況是就算打掃也不會乾淨的那種程度，而且有很多蟲子和蟑螂，所幸學校代購的床墊及被子品質還不錯，不容易起毛球，睡起來也算保暖。

學寮室內空間

住在這裡要隨時保持安靜狀態，看影片聽音樂要戴耳機，說話要小聲、動作不能太粗魯。倒垃圾也沒

15

有台灣方便，可燃垃圾一週只有兩天可以丟。

雖然住宿地方不是很好，但附近街道還是跟我印象中的日本一樣，既整潔又乾淨，在我們走去學校的來回途中，沿途到處開滿了粉紅白相間的櫻花（我們在四月初的櫻花季抵達），而且這附近有很多大小不同的公園，很多人就拿塊墊子鋪在地上，坐下來野餐日光浴，欣賞櫻花，很幸運地這次躬逢櫻花即將滿開。再往外走三百多公尺就有全家便利商店及7-Eleven，甚至還有很多餐廳。

在公園野餐的人

step 05 辦理手機門號

要在日本郵局開戶，必須先要有手機門號（提供聯絡方式），所以我們先去辦理了手機門號。學寮有提供wifi，所以我們的行動網路方案只選擇一個月0.5G流量。如果要騎腳踏車出遊，就在出門前先開好導航，回程用APP離線地圖，所以就算0.5G好像也夠用。

去哪裡辦理手機門號呢？有在留卡和信用卡（有部分電信商接受現金支付），可以直接到有販賣手機的大型商場如BicCamera，那裡有很多電信商，也有各種不同的方案可以比較，或是到電信商的直營門市申請。申辦時要留意合約細節，是否可以提前解約、有沒有違約金，以及有沒有需要打日本電話等等，跟在台灣申辦時要注意的事項一樣。

除了價錢之外，我還多了一個選擇標準：找有知名度的電信商，例如有和中華電信合作網路漫遊的電信商。感覺實體店面多的電信公司比較可靠。

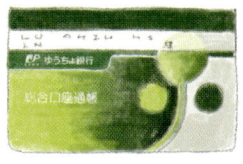
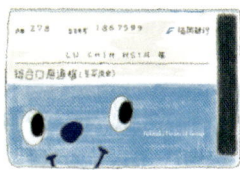

來日本留學，在郵局開戶很重要，因為郵局的ATM分佈較普遍，且郵局帳戶可廣泛運用於生活支付。以下為大致的開戶流程。

1. 在日本入境時，拿學生簽證給海關，海關人員就會發一張「在留卡」（如同入居許可證，入居期限則依學生簽證有效期限而定）。

2. 入住之後，學校會向市役所辦理戶籍登記及加入國民健康保險，完成後會收到市役所寄來的入住證明及保險證。

3. 接下來學校會帶我們去郵局填寫資料開戶，有些郵局會需要加蓋印章，但我們申辦的這家完全不用印章喔（台灣的代辦特別提醒在日本開戶需要印章，而且日本刻章很貴），當天就可以拿到存摺（但這個階段只能存款，還不能提款）。

4. 過幾天會收到郵局寄來的密碼，再隔一到二週才會再收到郵局寄來的金融卡。

5. 收到郵局的密碼單及金融卡之後，去郵局的ATM辦理變更密碼，即大功告成，可順利存、提款了。

　　日本的ATM不是24小時，要在營業時間內才可以使用，我們住的這裡（福岡南區）是早上9點開始，晚上7點結束。（每個地方的ATM營業時間都不太一樣，假日的時間也不一樣）

＊注：日本郵局和銀行的存摺也等同金融卡，直接放入提款機，輸入四位數密碼，就可以領錢。所以存摺要妥善保管，千萬不要把密碼寫在存摺上面。
　　在申辦郵局開戶的過程中，郵局會再寄來一張入居人員確認單，填妥「世代主」（即戶長）、同居者及家族人員名單再寄回，做為可代收的人員名單依據。

**專欄 1**

# 除了語言學校，
# 還有其他較經濟實惠的學習選擇嗎？

　　我們這次選的語言學校，是專門為那種要認真來學語言，然後進入職場工作的人為宗旨而成立的學校（有教育使命的學院）。

　　我想既然花錢來讀了，當然是希望教學品質是優秀的，老師也是經驗豐富的，不是那種以賺錢為主，隨便找個日本人就來教的語言補習班。至於我們是不是能學那麼多，沒關係，我們可以盡力，但老師不能混。

　　這是我花錢的原則，而且我始終相信名師出高徒，老師會教，學生就會學得輕鬆，短期內可以有系統的建構日語能力。

　　如果不在意教學品質，說白話一點，真的不需要進任何語言學校！

　　每個大城市都有公民館（福岡算第六大的城市），可依落腳點附近尋找，2～3公里之內，通常就會有2個公民館，其中至少有一個可以學日文。

　　公民館的日文課，通常就是由熱血的日本中老年人擔任（有時候也能遇上大學退休的教授），可能沒有教材，也可能有，看老師高興，反正就是大家說說話！學費也不高，一個月幾百元日幣或甚至免費。這種學習，

適合不用靠日語能力加薪的老人！

　　有日語基礎的人，也可以選擇上瑜伽課、烹飪課，總之不是只有日文課而已，材料費也一定比語言學校便宜。課程豐富，看自己需要什麼栽培，這樣的文化交流，也很有吸引力。

　　因為我們大部分的老年人都是在吃老本，錢只會越來越少不會越多；尤其還想出國念書，一定都不想跟子女拿錢。

　　學費是可以不一定要花的，若是要花，就要值得。不然就把錢花在三餐上，要好好吃飯，那是我們健康的本錢，不要省。錢，請花在刀口上，把錢花在各種體驗，為自己帶來快樂，才是值得！

專欄 2

## 如何找到適合的住宿地點？

最快的方式就是透過當地的房仲，根據其他留學生的經驗，最好找日本人房仲，比較可靠。但語言可能是大門檻，而且是否能在台灣就線上連絡完成也未知，否則初期可能就要先住在旅館，直到找到住宿地點。

因為文化的差異，日本租房通常有房東謝禮金1至2個月、清潔費幾萬日幣、鑰匙交換費2萬日幣左右、押金1至2個月等等，這些退房時通常是拿不回來的，叫做「前期費用」，就算是住學寮，也有所謂的開辦費用，以我們的例子而言，每個人要5萬日幣，而且有的管理業者還會視情況要求賠償費用，例如壁紙污損、地板磨損、廚房髒污等等，因為住過就會有使用痕跡，不可能復原到完全100%全新。

而且還要看遇上什麼管理公司，聽說有人被要求26萬日幣的天價賠償金，在在留卡要到期了的情況下，留學生租客通常沒有那麼多的時間據理力爭，一般都只能默默接受。

而且留學生可以選擇的房源相對比較少，因為通常無法提供保證人，有的房東為了避免將來可能要打跨海官司的麻煩，會直接拒絕出租給外國人。其實日本政府有規定：如果居住六年以上，正常的生活痕跡是不用賠償。可惜念語言學校最多兩年，很難符合六年的規定。

以一年甚至兩年為基準的房源，通常有附熱水器和空調，但是其他家電都要自理。家電可以租也可以買二手，如果要買全新的，等退租再轉售也是一個方法。

　　至於那種家具齊全專門短租給外國人的房子，不但前期費用要付，每個月租金也比較高，我們問過大阪的住宿，很小的單人房一個月就要15萬日幣。不過還是比住旅館划算。

　　依我建議：直接住學寮，但如果是夫妻，可以一人申請一間，要求住在隔壁或是同樓層，這樣生活空間會比較舒適，可以一間當作讀書和睡覺的地方，一間當作煮飯和洗澡的地方，有兩個冰箱，也不用常常去超市採購，比較省時，兩台洗衣機，也比較方便，此外晾曬空間也會比較多。

　　尤其我自己體驗過以後，發現來留學三個月是甜蜜點，最多半年，因為學校會安排好住宿，除非學校確保可以住一年學寮，否則一年期的留學就會面臨我們遇到的困境（要搬家），我們雖然非常幸運的碰到團地釋出空房（見Part3留學生要搬家），但還是不可避免的浪費了一個月的租金，就是我們七月份的住宿費是雙邊都要付。

# Part 2

## 求學生活
## day by day

來日本之前,我先在台灣讀了日文密集班一個月,再自學一段時間,然後就申請了。但是來到日本開始上課後,發現課程密集,似乎沒那麼容易,跟我當初想要的「Long Stay」不一樣,所以我最後放棄了,雖然只完成了四個月的學業,但我還是非常開心有這次的學習旅程:我在花甲之年完成了我年輕時的夢想,也體驗了前所未有的異國生活。

寫日記只是想留下在日本的生活紀錄,請大家以看故事的心情來閱讀,我的文字非常普通,但真切,希望我的這些經驗能對跟我有一樣想法的人提供些許幫助。

【留學生活體驗實錄】

### April 01

**滿開櫻花**：滿懷雀躍的心情來到福岡，展開我們的求學生活，原本以為櫻花季過了，沒想到正好才開了六分，還有機會欣賞滿開。不過此地似乎都是白色櫻花為主，粉色的只有偶爾在人家的庭院見到。

### April 02

**新鮮大蔥**：在賣場買了二根大蔥，回家切了二段生吃，咬起來甘甘的、甜甜的、辣辣的很好吃，上一次有這樣的品嚐經驗，已大約是在二十年前的事了。

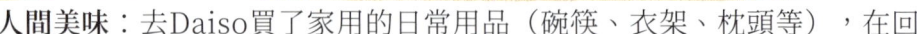

**人間美味**：去Daiso買了家用的日常用品（碗筷、衣架、枕頭等），在回程途中經過一家燒肉店（就在Cosmos對面），聞到一股極香的味道撲鼻而來，真的讓人忍不住口水要掉下來，不進來不行！看著隔壁桌點的東西，依樣畫葫蘆，哇哈，太棒了！新鮮軟嫩的牛肉在熊熊烈火燒烤下配著白飯，人間至極享受。

# April
## 03

**小確幸**：留學生活的自助早餐，只能自己動手做，一則省錢二則可吃到蔬菜水果等綠色食物，在日本長期生活也要盡量維持在台灣的飲食習慣，就是至少有一餐要自己動手做。

**無聊的下雨天**：昨晚就開始狂風大雨，直到今早還在下毛毛雨，很像當年在學校念書的情景，不過當年是有幾位同學住在隔壁，可以打屁聊天、唱歌或是睡覺，現在就只能躺在床上滑手機，固然隔壁也有年輕的同學，只是還不熟，也不好意思去打擾。

**省錢大作戰**：我們去大賣場買了一包新潟米，決定有時候餐食自己弄，但是白飯最重要，有了白飯其他都好說！在賣場也看到了好親切的台灣鳳梨，很感謝日本對台灣的友善之舉。

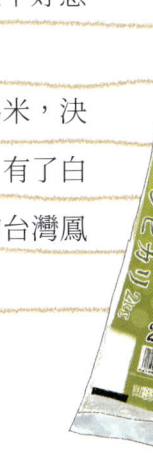

# April 06

**傳統的蔬菜專賣店**：大多是由當地小農提供的自家栽種農產品，因此特別新鮮、價格也便宜，又不用另外加稅。我們在這家西薗青果店（標榜：和氣安い），買了一種特殊的饅頭、薑及味噌，真的好便宜喔！

**日本生活貴不貴**：跟大家想像的不一樣，以往我也一直以為日本生活費用很高，其實並不會！只要知道可以在那裡買到需要的東西就一點都不貴，加上現在匯率低，甚至有些東西還比台灣便宜。

**大魚好便宜**：我們看到很多歐巴桑進了一家商店，認為裡面一定有好東西，於是跟了進去，進去之後好開心，看到很多生魚片，還有很多很大的海魚，統統都很便宜，比台灣還便宜，所以當場買了兩種魚。我們興奮的提著魚回家，準備大展身手，因為最近幾天都外食，覺得費用太高，而且也很想吃自己的手作料理。中午先來個紅燒，香噴噴的燉滷味環繞整個室內，覺得很有成就感。

## April 08

**飲用水**：學寮的自來水，過濾後還是難喝，所以決定去買桶裝水，走路去賣場經過附近的公園，真是隨處拍隨處美。

**身體微恙**：日本的空氣清新、街道整潔，對台灣人來說，或許在被污染的環境裡生活習慣了，突然間覺得沒有污染可抵抗，頓時覺得好像頭暈暈、胸悶悶，所以我們便邊走邊甩手做運動去賣場。

## April 10

**混得太凶**：前一陣子老師通知今天要去學校，但沒說什麼事，而我們每天都很忙，也忘了這回事。早上在賣場到處晃，回來後看到通知，便東西一放趕快騎腳踏車飛奔過去，發現大家都在考試。拿了一大堆A3考卷，共計五、六張，也不知每一大題要寫什麼？隨便填一填，結果還有二大張一個字也沒寫，時間到就交卷。

出來後跟かない說：都亂猜、還有二大張沒寫。かない說：不會寫就不要亂猜啊！我說：可是我沒亂猜的話就等於繳白卷了！

幾十年沒考試了，其實也從來沒考好過（只有二、三十年前的Lead Assessor考試例外），如今再添一筆考爛的紀錄。

## April 11

**分班口試**：學校將所有學生分組進行考試，每五個人一組，每人5分鐘，かない在第一組的第五個，我則在第二組的第一個，從九點開始進行面試，面試官有三個，輪流當主詢問官，另外兩個也會同時記錄打分數。面試的題目類似聊天，例如你們家有幾個人、你的興趣是什麼、你今天早餐吃什麼等等，然後再依照你的回答，順勢問下去。

我也不知道老師問了幾個問題，但是我大概有一半的題目聽得懂，聽不懂的就隨便亂答，不過好像有一位老師對我印象特別好。我回答說我喜歡爬山、騎腳踏車，那位老師也講了一些話（但我完全聽不懂），我猜他可能是說興趣跟我相同吧！最後我要出來的時候，她又說：お元気です！（很健康喔！）。

## April 12

**學校開學式**：來這邊快兩個星期了，終於等到要正式開始上課（學校安排下星期一早上開始），不出我所料，我被安排在從最基本的課程開始。

昨天かない帶我去買個「特大號」的鉛筆盒，好像在暗示（或許已是明示）要好好念書，我都年紀一大把了，記性不好、又不愛念書，感覺有點太困難了！

## April 14

ㄘㄨㄚˋ哩蛋：明天就要正式開學，除了準備好鉛筆盒及很多顏色的原子筆、色筆之外，心裡完全沒底。真的是「台上容易台下難」，以前在台上唬爛很容易，現在要在台下聽課很困難。不知道自己會不會打瞌睡、不知道自己會不會鴨子聽雷、不知道會不會坐到屁股痛、不知道會不會度日如年、不知道會不會……，只能等待明天揭曉。

## April 15

上學去：幾百年沒有走路去上學，只有在小時候打赤腳背書包，看著其他同學往同一個方向走才有這種氛圍，如今看著かない走在前面，很有意思。

第一天上課從五十音的平假名開始，由字母發音帶出一些日文單字，那些單字都太難了，能記幾個算幾個吧！基本上上課方式算活潑，有設計了幾個遊戲，就像在打橋牌一樣，上課沒有什麼太大的壓力（基本上都比我普普的好一些而已），所以只要自己妥善安排節奏，應該可以達成我設定的低目標。

學生成員：班上台灣學生近半，佔多數（大多是二、三十歲），烏茲別克一人、斯里蘭卡一人、越南七、八人，全班加起來共約二十人左右。

## April 16

**讀書真辛苦**：老師交代的家庭功課太多了，有A3大的紙張六、七張，看了就昏倒，無意中發現，只要偷偷撕掉一張，就輕鬆多了，老師應該不會知道吧！

**新課本**：總算領到新書了，剛開始一定都很珍惜，到最後書沒讀好，書本也跟著一樣咪咪貓貓，重點在我的精神狀態（這是老人的最大問題），精神好就讀得好，精神不好就讀不好。

## April 17

**書包掛書桌**：今天無意中把書包掛在書桌旁，覺得似曾相識，上一次這樣掛是在高中時期，大約快五十年了吧！

**削鉛筆機**：教室前面放了一台削鉛筆機，時間突然回到了昭和年代！緬甸和烏茲別克的同學還真的會去使用。尤其緬甸同學一大早到教室就去削鉛筆機前報到，可見昨晚寫作業寫禿了筆。

## April 18

**被抓包了**：連二天的家庭功課，我都懶得寫完，想說老師不會認真檢查，誰知道現在竟然要我們交出去，甚至用朱筆批示：全部書いてください！（請寫完整！）

**班牌**：很有古早味吧！看到這個班牌就想到高中時期，以前我們班上有一個天才叫做水雞（青蛙），就坐在我前面，每堂下課的時候，就會跑去走廊把班牌踢下來，掛回去後再踢下來，如此反覆多次，直到隔壁班的女生都跑出來看，他才會滿足。

**人物介紹**：日文班同學チョウさん（張小姐），活潑開朗又樂觀，日文程度比我高，上課時總是胸有成竹，在我聽不懂時（幾乎都聽不懂）問她就對了，可惜坐在我後面，就算想做弊也沒辦法。

## April 19

**爆笑的聽力測驗**：我的聽力一直都是咪咪貓貓，常常搞不清楚這一大題要做什麼，結果今天坐在我後面的張同學，有一大題也是搞不清楚，老師錄音帶才播放一小題而已，她就已經把三小題都答完了，我一看就說：還沒播放妳就答完了喔？當場大家都哈哈大笑！

## April
## 20

八百屋：蔬果店的總稱。離我們最近的八百屋走路幾分鐘就能到達，假日人還不少，裡面販售很多當地居民自種的新鮮蔬果，在這裡我竟然發現了「晚白柚」，我以為這種水果只是酒名的噱頭，沒想到「真有其果」。因為幾個月前，我和かない去熊本南邊的八代住了幾天，旅館每天下午都會免費提供大約十幾種的酒給房客喝，經過詢問及試喝之後，就屬晚白柚最好喝，今天竟然看到晚白柚本尊。

超大粒的草莓：這裡所有的購物中心每天都在賣草莓，後來聽老師說才知道，原來草莓是福岡的特產，果然名不虛傳，所以在八百屋買了這種超大顆的草莓，我們超喜歡。

和牛專賣店與鮮魚店：八百屋隔壁就是和牛專賣店，看到很多人在排隊，

所以我相信價格跟品質應該都不錯，改天再去買來吃。和牛店隔壁就是鮮魚店，店面沒那麼大，人沒那麼多，所以看起來應該還是之前發現的那間鮮魚店更佳，無論如何，這邊的生活機能及日常採購真的很方便。

大紅豆：前幾天かない煮過一次，很好吃、我喜歡，請かない再煮一次，經我仔細鑑定，確定這是大紅豆不是花豆。

## April 21

**下雨天睡覺天**：早上十點就開始下雨，到傍晚時分都沒停，整天在屋裡也不知要幹嘛，かない很用功在看書寫作業，還問我作業寫好沒？我根本不知道要寫功課，等かない寫完後用抄的比較快。

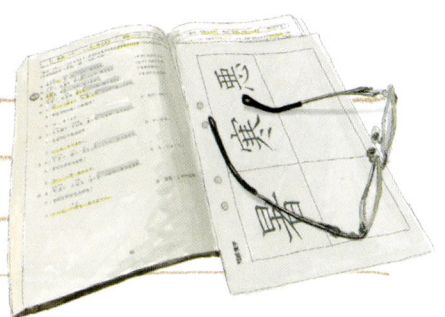

**眼鏡螺絲鬆脫了**：正在傷腦筋，後來想到附近有一家眼鏡行，現場溝通時，我表達的他們都懂，但他們講的我都聽不懂，但後來還是幫我換了一個螺絲，然後說：free，no円。真好！

## April 22

**課程規劃**：到今天早上我才意識到學校的課程規劃，依照此一規劃，平均每個禮拜要背150個單字，真的是很恐怖！

**教材編訂**：台灣的課本都是把單字擺第一，其次句型、最後才是聽、說，所以在台灣的讀書方式都是苦讀，拼命的念。在日本則是句型、聽、說並進，最後再背單字，因此切入點較輕鬆，但最後仍是要背單字。

## April 23

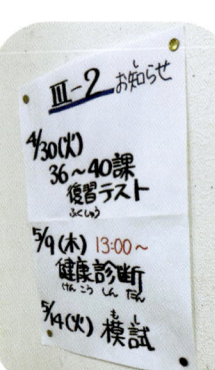

**公告**：學校有幫忙安排免費體檢,這是長期生限定的福利!不曉得是福岡市區公所安排的或者是學校自行安排的,反正很不錯!

**珍珠奶茶**：有同學擅長做蛋糕、お菓子等,今天帶來班上給所有的同學品嘗,還有台灣同學做了珍珠奶茶

來,我們這一班的同學大家相處都很融洽,感覺很好,氣氛愉快!這是跟在台灣上日文補習班不同的地方。

## April 24

**吃飯拌醬油**：我喜歡日本醬油,尤其是さしみしょうゆ(刺身醬油),是我最喜歡的醬油,淋在新潟米煮成的白飯上很香,我常常吃、但不敢天天吃。

## April 25

**灰沙沙**：上個禮拜是第一週，灰沙沙程度百分百，經過一個多禮拜，霧裡看花狀況有略減，我想再一個多月，如果清晰程度到60％，我就很滿意了，所以也不必過度緊張，只要按部就班來就可以。

**認真教學**：每一位老師都會交代家庭作業，第二天再由其他老師收回，我發現老師都很認真在改家庭作業，有點像小學的時候，給他們一個讚！

## April 30

**花香**：距離我住宿的地方超過10公尺，有一棵樹開著不知名的花，然而花香仍從窗戶飄進來，這讓我想起過去某一段愛作夢的日子。那時候我都喜歡坐在教室最靠近窗戶的座位，旁邊就有一排鳳凰花，每當下午時分，鳳凰樹葉就被風吹到我的書本上，微風伴著綠葉，只聽到老師嗡嗡的上課聲，也不知道在講什麼，感覺日子過得很愜意。

**原子筆**：用完一隻了，可能在台灣就已經用到剩下一點點，所以到這裡沒幾天就用完一隻，不管怎麼樣也算是在這裡用完的第一支筆，我知道如果有跟上進度的話應該不會有問題，可惜已經有四、五天沒看半個字了。

## May 01

**第一次被打圈圈**：來福岡上課一個月了，沒有好好做功課，也沒有好好做練習，聽力本來就不好，所以經常是一頭霧水，練習題也從來沒有被老師打圈圈，今天還是第一次耶！

**上課活潑**：老師上課的方式，很貼近實際生活，內容比較有趣，大家也都很開心。今天就以現場各國的學生所帶的貨幣做主題，從台灣來的曾同學，很有趣！竟然帶了每一種不同金額的錢幣各一張，當然大家就選他上台做說明。

**日文數字**：數字真的有夠複雜，我從來沒搞清楚過，以前根本不想去看這些，覺得沒什麼意思，隨便亂講就可以，但是有三個老師一直在考問數字，看來是沒辦法逃避。

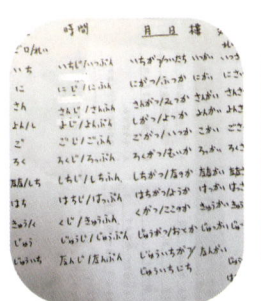

# May
## 02

**自己畫圈圈**：今天的隨堂測驗考了滿分，原想自己打圈圈，結果老師說要把考卷交回去，也幫我打了圈圈，這是第二次被畫圈圈，太開心了！

**聽力標竿**：有一位年輕的老師講話速度很快，我用她當作練習聽力的第一個標竿，結果還不錯，大概有70%聽懂，不像剛開始的時候灰沙沙。

第二個聽力標竿是一位男老師，他講話速度也非常快，到上個禮拜五我還是幾乎完全不懂。繼續努力用心聽，如果這位男老師講的話，我能有80%聽懂，就滿意了，如果能百分之百聽懂，那我就給自己打90分。

**帥氣的背書包**：今天無意中把書包往上背，讓我想起高中時代，班上有同學把書包往上吊到肩膀上，一副得意洋洋的樣子。

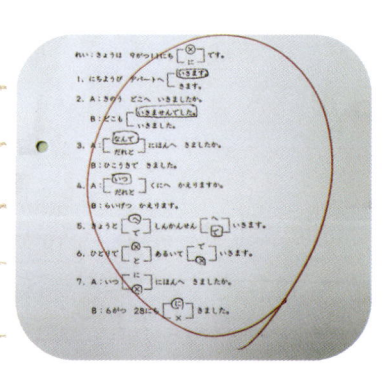

## May 07

**重溫中學時的下課日常**：原來全世界青少年下課的活動都很像！

今天是五一黃金週開課的第一天！一下課，越南的搬運工立刻找烏茲別克的拳擊手挑戰腕力，過程很安靜，完全沒有外力介入，一下子就分出勝負，越南勝出。

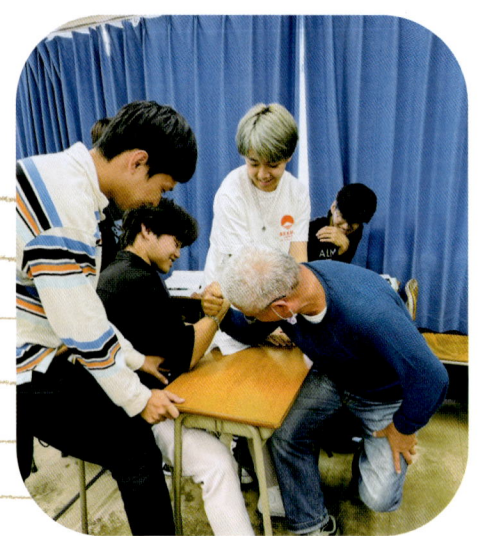

かない叫我過去挑戰越南搬運工，我毫不猶豫的上前，一開始我採取守勢，等待越南搬運工用力拼搏，搞了老半天他也沒辦法贏我，後來我又用左手擺出瀟灑手勢，於是他又進行第二次攻擊，仍然沒辦法扳倒我，經過幾次後他就放棄了！薑還是老的辣，一個台灣老頭打敗年輕的越南搬運工。哈哈！這就是有趣的留學生生活。

## May 09

**大挫敗**：聽力測驗很糟糕，尤其數字實在記不起來也聽不懂。老了！真的實在不適合再念書（我年輕時記性很好呀，就連長長的數學公式都可以記下來），可是有誰懂呢？懂的人必定是跟我年紀相近，那就不會來念書，來念書的年輕人就是不懂。かない也不懂。

# May
# 13

**我的目標**：我跟老師申請要調到下午班，談了之後老師也完全同意，後來我才了解，下午班大部分是尼泊爾或其他以打工為主的學生，非打工的學生則大部分是短期生。我大概了解上午班跟下午班的區別了。

我喜歡日本文化、美食、環境，很多方面都喜歡，但我的目標不是只有讀日語。語文項目本來就是我的弱項，所以我決定依照自己的步驟進行，這樣讀起來會比較輕鬆，也會比較有效果。

**讀書計畫**：原則是能讀多少算多少，所以我的讀書計畫是每天10個單字，總目標是2000多個單字，這樣我就滿足了，我相信如果好好運用這2000多個單字，溝通應該就沒問題了！

**買東西好開心**：今天是第一次自己去買東西，完全可以買我喜歡吃的東西，真的好開心！今天買了很多魚，我最喜歡吃魚了，除了魚之外，我也喜歡吃水果，今天忘了買，改天再自己來買。

## May 14

**一天一頁**：希望我自行安排的學習節奏順利，這樣一陣子之後，單字也應該夠用了吧！只是要練習活用，成為自然狀態的口說日語。

今天下午很愛睏，整天無精打采，還好下午班上課氣氛較輕鬆，老師講的大部分都聽得懂，考試也考得很順利。

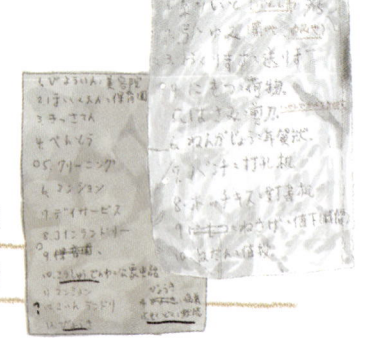

## May 15

**出名了**：真不是好事！調到下午班，老師都會特別過來打招呼，其他尼泊爾同學也會很好奇的過來問：為什麼要來這裡？（因為這麼大年紀了）我都不知道怎麼回答。好像整所學校的人，包括老師、教職員及其他班的都認識我了。

## May 16

**數字**：真的有夠難背，經過かない的強力灌輸終於背起來了，背這些數字真的很痛苦、很累，但也總算理出頭緒了。

**高中時代**：我最喜歡把書本立起來，然後趴著偷吃便當，如今我的座位四下無人，感覺很清爽，可以把書立起來，偷看手機！

## May 17

**尼泊爾同學**：下午班的同學人數不多，其中尼泊爾同學大概有七、八位，佔多數，他們都很年輕、很活潑也很會搞笑，所以班上的上課氛圍蠻輕鬆，很適合我，我只要在這樣的班上打發時間就好了，早上班的同學就讓他們去拚吧！

## May 20

**資優班與放牛班**：聽說早上班已經舉辦過分班考試，かない說她考完試腦袋電力只剩下60%。又聽說下午班好像不用考試，那很好耶！最好是有一班專門教簡單生活應用的會話課，而不是應付考試的班級，那就更適合我了。既不用考試又很實用，又可以快樂的體驗生活，那就太棒了。嗯！將來應該要開適合老人體驗的生活課程才對。

**May**
# 22

**尼泊爾同學**：他們對我這個異國老人特別好奇，動不動就叫「Yumaさん」，其實沒什麼事，純粹叫好玩而已！今天下課休息時間，有一位尼泊爾同學畫了一個漫畫，上面還寫著我的名字，我覺得很可愛就馬上拍照，然後他在旁邊又畫了另外一個人，一位斯里蘭卡同學。

**斯里蘭卡同學**：他在斯里蘭卡好像是開重機修理及用品專賣店，我今天請他air drop一些斯里蘭卡的音樂給我，結果裡面的鏡頭都是他在玩重機。

**May**
# 23

**模擬考**：百年未參加考試了，今天精神不濟，也不知老師在講什麼，完全聽不懂，本以為今天是正式分班的考試，所以ㄔㄨㄚˋ死了～最後發現只是模擬考，明天才正式分班考試，起先還一直擔心自己會不小心考得太好，但這個擔心似乎是多餘的，因為不可能考得太好，要擔心的是考得太爛墊底，現在就靜靜等待明天的考試吧！

### May 24

**翹腳等考試**：等一下就要進行分班考試了，考前頭腦放空，所以不必再念，反正有念沒念都已經定案了。這次準備了兩隻鉛筆，想說可以好好應付一下，免得考到一半鉛筆的筆芯斷了那就掛了。考試時間終於到了，但我一點都不緊張，而且保持最好狀態，考卷是一張B4的大紙，正反兩面都有，共80題。

### May 27

**日本和牛**：就是好吃，在燒烤店吃固然很棒，但是價位偏高，所以我們自己買回來用鍋子燒烤，淋上醬油，再加上蒜頭，甜滋滋配上辣辣香，真好吃！而且價格又便宜。

## May 28

**寫作業**：之前作業都是抄かない的，所以也就沒有在看內容是什麼，後來請調到下午班，作業內容不一樣（因為進度不同），從此作業我就只能自己寫，結果昨天老師把之前我寫的一張作業還給我，並且再拿一張叫我再寫一次！問了かない才知道原來是要對照課本習題的指示，把答案寫在題紙上，不是自己亂造句。但老師對於我上個禮拜的考試表現舉起大姆指！哈哈哈哈！

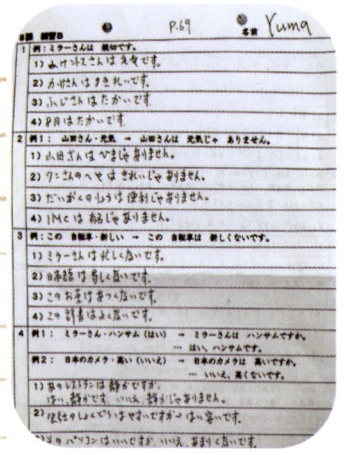

## May 29

**考試分班**：分班結果公布了，但沒有公布成績，所以也不知道考得怎麼樣？

雖然之前主動請調到下午班，但我如果真的考得不錯，老師應該會再問我要在上午班（升級班）還是下午班（放牛班）才對！結果連問都沒問，就直接把我安排在下午班，看來老師說我考得不錯應該只是在安慰人而已！其實我喜歡讀放牛班！因為放牛班沒有緊張的壓力，可以放鬆、專注的念書，而且放牛班上課氣氛很愉快！

## May 30

**初心**：經過這次分班考試，我心裡一直在猶豫到底要用什麼心態繼續讀書，想一想，還是應該要回到初心。也就是能讀多少算多少，其餘不管它。

## May 31

**角色互換**：剛開始計畫要來日本的時候，我是想來體驗生活，かない說她是來伴讀，結果現在かない很用心在讀，所以我決定成全她，讓她好好讀書，伴讀的角色就由我來當。

## June 03

**斷炊了**：要來日本的時候，因為行李箱裝不下，所以只帶了二包茶葉，沒想到前幾天喝完了，無茶不歡！所以就去買了兩包八女茶，先試試看吧！當場有拿了一些茶葉，直接放在嘴裡咬，剛開始只覺得像一般綠茶的味道，過一陣子發現有甘甜的感覺，還不錯！

## June 04

**找房子**：學校臨時要我們搬離學寮，かない也一直想換房子，於是今天就試著去找房子，由於語言不太流利，只好請九州同鄉會的朋友幫忙打電話。其實很難決定，目前住的地方是學校安排的，但又小又舊，也花了幾十萬日元（訂半年），如果馬上換就等於是損失！找房子真是一件難事！

## June 07

**看圖說故事**：每次家庭作業及考試都是看圖說故事，可是我對圖的解讀，都跟標準答案不一樣（一般標準答案都要依照課本來寫），讓老師改得很辛苦，我的家庭作業也都做得零零落落，沒辦法！かない說我是天才！就是會自由發揮。

**台灣老人留學日本**：今天剛開始上課的時候，我向老師借了白板筆，在白板上面寫著「台灣老人留學日本」，並且把它翻譯成日文：「台湾のおじいさん、日本へ留学に来ました。」問老師這樣可以嗎？老師說可以。後來請尼泊爾同學及斯里蘭卡同學，用他們的文字也幫我寫了這一句話。

## June 10

**散步**：傍晚的時候跟かない去學寮旁邊的公園散步，餘暉倒影在池中很是漂亮，剛好又碰到尼泊爾可愛的同學們，每次他們看到我，就會喊我的名字，坐在我前面的Menukaさん，還把他手中的愛心氣球送給了かない。

看到尼泊爾同學們，三五好友揪一揪找地方聊天散步，很像我們大學時代的生活情境，他們才是真正回歸學生時代純真、樸實、無拘無束的生活，真是令人羨慕。

## June 17

**基本教材**：就是《大家說日語》。通常老師就依照課本把句型解釋清楚，因為在一課裡面通常會有很多句型，也就是有很多所謂的文法及助詞。所以上課之前如果有預習，聽起來就會比較輕鬆，否則追著屁股跑就會很累，而且會覺得進度一直往前走，跟不上。

**福岡**：中午時候開始下起毛毛細雨，晚上氣溫也變涼快了，可能會下到明天早上吧！日本道路的特色就是很乾淨，即使下著毛毛雨，褲腳也不會被噴濕噴髒。學校對面的小公園以及公園旁邊的欄杆及野草都很乾淨，好像洗過一樣，摸起來很舒服！

## June 18

**忘了今天要考試**：下課前跟尼泊爾同學換了講義，第一次看到這麼多的尼泊爾文。

## June 19

**校外教學**：今天學校派了一部中型巴士，載我們去福岡市立防災中心進行校外教學，有防震、使用滅火器及火災逃生等等教學。

**福岡的海邊**：結束防災中心的活動之後，學校帶我們去海邊放鬆一個小時。我覺得很意外，沒想到福岡有這麼漂亮的沙灘。這邊的沙非常乾淨，而且細軟，如果傍晚六點多來，應該會覺得很舒服，現在中午有點熱。

### June
# 20

尼泊爾同學：這位同學很開朗樂觀，只要他沒有打工，精神狀態好的話，就嘰哩咕嚕講一整天，即使老師在台上講話，他在台下照樣講。對他們來說最困難的是漢字，比片假名還難，但他們的優勢就是聽力特別好，可能因為尼泊爾語語速很快，所以對字音的快速跳動感覺較靈敏。差點忘了講，這次模擬考試我第二名，原本應該第一名才對，但因為字太小眼睛花，有很多題目都沒看到，導致多錯了好幾題！

### June
# 23

印度饢餅：很多年沒有吃這種三角形的印度饢餅，今天去辦理房屋租賃時路過一家印度饢餅店，就進來吃了，我跟かない分別點不同的料理，互相交換分享，她喜歡多樣化的食物。

**June**
# 25

**感謝紙條**：頭仔，謝謝，一切盡在不言中，今後請繼續關照。

かない今天早上寫了這張紙條給我。

**June**
# 26

**完全聽不懂**：今天下午聽力課程，我全部都聽不懂，所以一題也沒作答。題目只有1、2、3，三個選項，但班上有同學選了4，真的笑死了。

**June**
# 27

**臨時抱佛腳**：今天要大考，但是考試的範圍，比我們目前實際的進度要再大很多，臨時寫了一點點的武功祕笈，因為我的記憶力已經不行了，過目即忘，所以沒辦法死背，只能盡量簡化，把看起來好像很複雜的文法，盡量濃縮成一點點。

### June
# 28

**租到團地的房子**：好幸運租到團地的房子，今天去服務中心拿了鑰匙，還好服務中心有位日本人會講中文，中文講得不錯，溝通起來一切順利。拿了鑰匙馬上去新家再仔細看清楚，感覺燈光明亮，榻榻米的稻草香聞起來很舒服，衣櫃置物間超大，廚房也不小。唯一的麻煩就是家具要全部自備。接下來要從學寮慢慢搬過來囉。

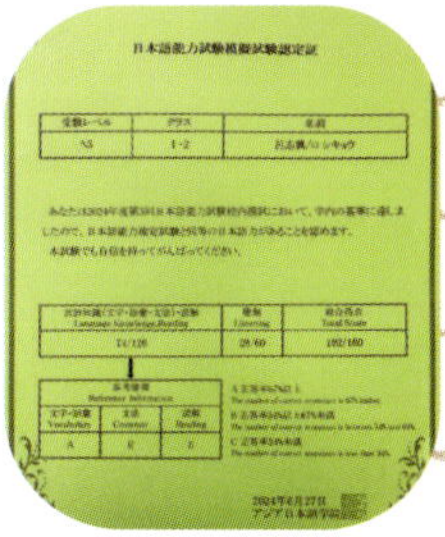

**N5考試**：有過關，但是好像有報名就有過耶！覺得考得很差，可是平常也沒有在準備，似乎也只能如此！

*團地：集合住宅社區。

### July
# 01

**七夕**：今天下午上課，老師以非常活潑的方式帶動課程，要大家寫下在七夕時的願望，然後把許願單貼在白板上。由於這堂課沒有拘束，所以同學也就主動拿我的手機擺出俏皮活潑的表情，喀擦喀嚓一直拍。她們都把我當阿公看待，說阿公很親切，問我什麼時候回國，說將來我回國，他們會很想念我、會流淚，真讓我感動。

# July 02

**蒜頭**：剛來這裡約一個月左右時，有幾天感覺頭昏昏、反應遲鈍，血壓也飆高，剛開始沒想到可能是COVID-19，後來拖了好幾個禮拜才想到可能確診。從此每天吃蒜頭，吃了好幾天就覺得好得差不多。現在為了預防再發生，我還是每天吃好幾瓣。

# July 03

**驚人的消息**：我們下午班有來自四個不同國家的同學：尼泊爾、台灣、斯里蘭卡及越南，我跟他們聊天之後才發現，原來他們早就有安排了。有人計畫來四年或五年，先在這個學校二年，再到其他地方二年或三年（我猜最終他們都會留在日本），有人計畫來十年，也是一樣先在這個學校二年，接下來再到其他地方。反觀台灣來的同學，完全沒有安排，只憑著一個「理想或想要」的理由就過來了。

# July 06

**溫度測試**：今天這裡高溫到達35度，但是我們在團地的新家並不覺得熱，主要是福岡靠海，雖然四周都有山，但並不是一個盆地，且團地各棟樓層棟距大，四周有草地，因此雖然高溫，但仍然吹著涼風。我喜歡坐在榻榻米上看書，累了或懶得再看，身體一歪就可以躺下休息。

**團地夜景**：靜悄悄中偶有當地人在散步，即使外面大馬路有車行也毫不影響。在我們這棟的旁邊還有一個攀藤陰棚，即使大太陽下，只見光線微滲，所以每當下午的時候，都會看到有人在棚底乘涼休息。

**July 11**

**喜愛的食物：**印度饢餅是我最愛吃的食物之一，中午跟かない去學校對面新開的餐廳，看了Menu之後，發現有學生優惠價的套餐，跟老闆確認是不是可以吃兩個餅但是不加價，他說吃了一個之後會再送另外一個，他看我吃得很過癮，在第一個還沒吃完之前就再送第二個來了。這裡的芒果lassi也很好喝。

**July 12**

**尼泊爾服裝：**有一位尼泊爾同學今天穿傳統服裝來上課，我不好意思直接拍攝，只好請隔壁的同學幫我拍，這種服裝很好看很有特色！

**July 16**

**回家的路：**每天下課後，沿著這條寬敞的人行道走回家，通常這時候正當太陽西下，溫暖不熱、寬敞又安全，走起來很舒服！

### July 22

**台日友好**：在來日本之前，腳踏車隊的朋友，送了我們一套衣服，我們也不辜負好意，帶到日本來穿。今天我穿進教室，果然引起轟動，老師在點名時就看到這一件衣服，因為顏色顯眼又充滿善意，其他同學也都注意到了。

### July 23

**天人交戰**：讀書對這個年紀的我來說，感覺有點累，我在想是不是該回歸純粹的一般生活？因與當初的想像不同，かない又一個勁兒的讀書，也無法常出遊，感覺有點心累。

### July 24

**最後決定**：經過幾番思考，我和かない討論好了，我會在八月初申請停課，かない則會繼續上到這學期結束（九月）。然後我們會先到處走走再回到這裡。租下的房子，到時候再決定何時退租，房子退租後就返台。感謝下午班的同學，他們活潑開朗的個性，讓我度過了一段快樂的時光。生活體驗已經很足夠，經歷了很多一般旅客想像及見識不到的事情，我們很滿足了！

**July**
# 31

**再會了學寮**：四月一日進住學寮，剛進來的時候覺得房間很髒、很小，還有濃濃的味道，甚至連水質都有問題，搞得常常拉肚子，所以我們除了自己買一整箱的礦泉水之外，有時候還會去公園旁的飲水機打水，日子也這樣一天天的過。かない辛苦了，感謝你這幾個月的忍耐。

**上學路徑**：我們每天就是從這裡開始走路到學校去上課，會穿過一個小公園，公園裡風景優美，而且經常有小朋友在這裡玩耍，甚至清晨也有人慢跑，當我們經過這裡的時候，也會順道拍拍馬路邊的小花，然後再經過整齊畫一、綠意盎然的「團地」才到學校，這樣不知不覺也走了一百多個日子。

**要放大假了**：糊裡糊塗的我，都還不知道今天是放假前的最後上課日，難怪昨天放學時，尼泊爾同學要加我臉書。心裡有點複雜，我還是要再說一次：我最感謝尼泊爾同學，你們帶給我很多很多的快樂！謝謝你們啦！

# September
## 12

**告別了**：今天結束了在這裡的所有課程及活動。其實我已經很久沒有去學校了，但老師透過かない跟我說，希望我今天下午去學校一趟。學校給了我結業證書，我也得到同學們的祝福留言。

同時老師讓我上講台，對大家說一些話，我就用簡單的英文一句一句慢慢說，他們也了解我來這裡的目的。

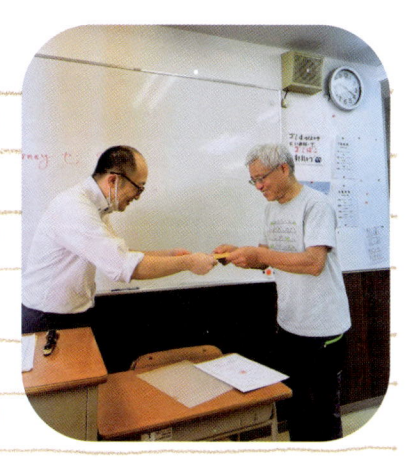

**觸動很深**：坐在我隔壁的斯里蘭卡同學，今天看到我眼淚都快掉下來了，我也很感動。他說：我就像他的父親一樣，我也跟他說：你是我的dear boy，我要離開，一定會跟你講，我還會在這邊多留一陣子才回台灣，同時我也約了他，過兩天要招待他去居酒屋。

**深層旅遊**：我從沒想到自己會把學校當作一種深層旅遊的方式及地點，這種深度旅遊讓我獲得很多，體悟很深，終生難忘。

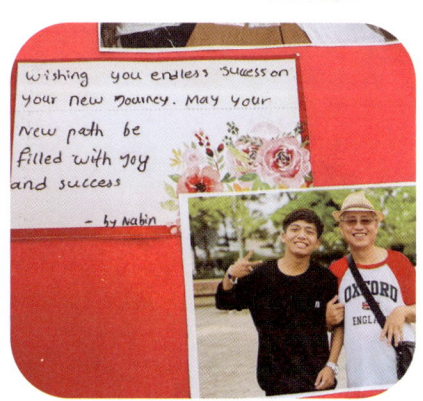

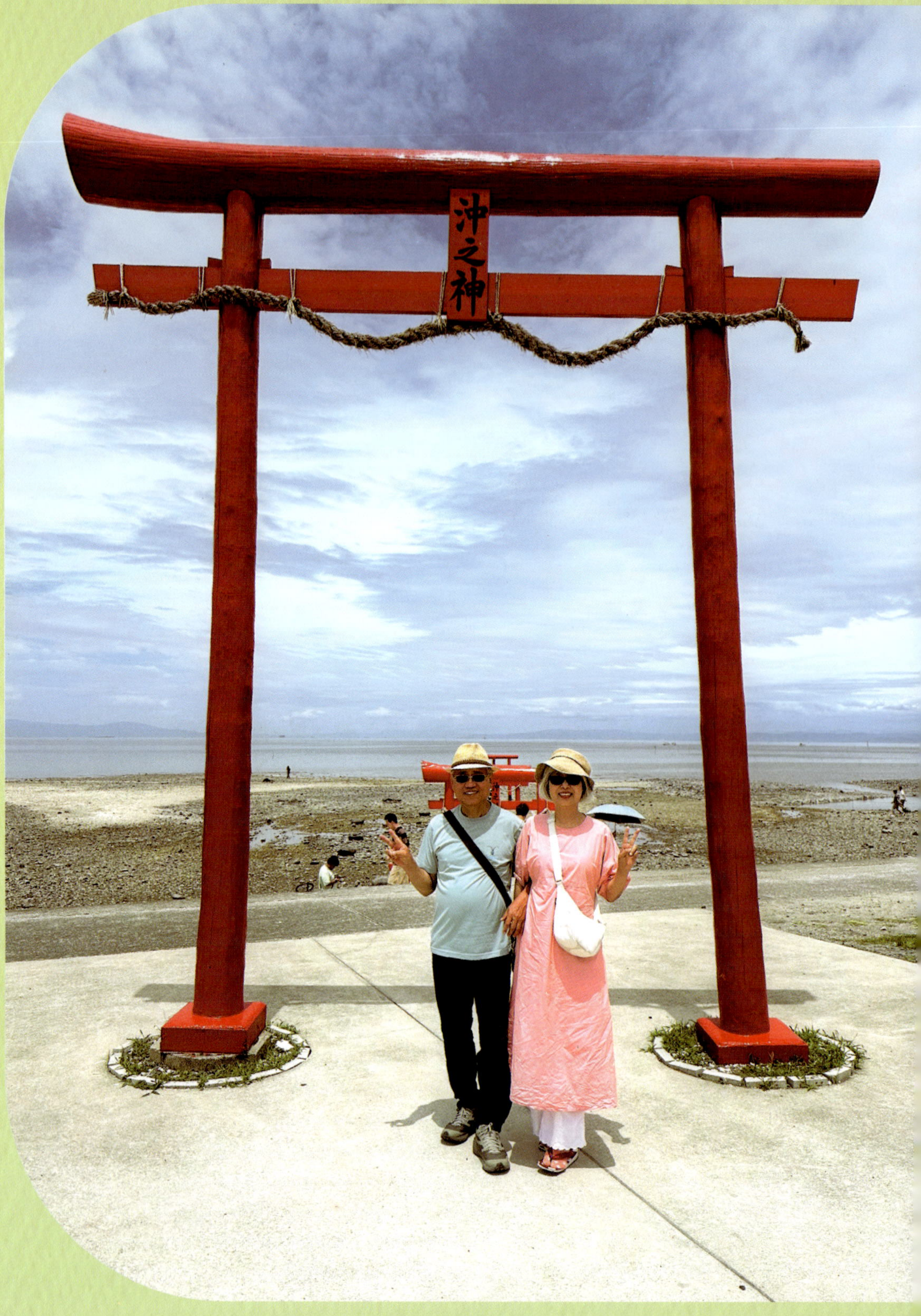
沖之神

專欄 3

## 留學的目的

　　留學的目的，每個人都不一樣，有人想要提升自己的日語能力，有人想藉此看看有沒有機會留在日本，有人是藉著來念日語，當作是台灣工作的跳板……，不管如何每個人都有自己的目的。

　　學生時代用功念書是自己的責任與義務，不但要對自己交代，也要對父母交代。但像我這樣花甲之年來這裡念書，利弊得失，其實自己心裡非常清楚，對我來說這只是一個深度的旅遊，也是完成我年輕時未竟的留學夢想。但如果我過度投入課業，那就喪失了這次旅遊的另一個目的了。

　　如果要真正的念好日語，在台灣就可以用心投入，念到了N2再來這裡熟悉環境，這樣就可進可退，沒有任何損失了。

　　我這個年紀，有沒有學好日文不重要，來這裡應該要輕輕鬆鬆、高高興興的學習，讀不好沒關係，有快快樂樂的體驗生活就好！

歩車分離信号

# Part 3

# 有趣的
# 日本發現

雖然不敢說是日本通，但是日本前前後後也幾乎走遍了（只剩下山陰和琉球），以為應該沒有什麼新鮮的事情，結果以留學生的身分定居下來後，用在地居民的視角來看，還是有一些十分有趣的事。

例如明明人口沒那麼多，為何需要那麼多超市？倒垃圾的規矩很多，要如何應對？在日本找房、租房所遇到的困難等等，以下是我覺得以觀光客角度及台灣經驗感覺落差比較大的發現。

# 日常生活觀察

## 福岡的垃圾和回收物怎麼丟

原先以為在台灣有垃圾分類的經驗,在日本丟垃圾應該也不是大問題,但沒想到,先進的日本在垃圾及資源回收物的處理上和台灣的概念仍有不同,而且各地方的分類也不太一樣,有的甚至同樣在大阪市還會因區里不同而有不同的規定。

福岡的家庭用垃圾袋有三種顏色:

**紅色** 可燃垃圾,每週收兩天。
**藍色** 不可燃垃圾,每個月收一次。
**黃色** 資源回收類,如玻璃瓶、PET塑料瓶,每個月收一次。

尺寸也分成三種:15公升、30公升、45公升。超過45公升,就是巨大垃圾,要去超商買貼紙,連絡環保人員來清運。垃圾袋外面都會印出常見的類別,所以看一下就知道要用什麼顏色的垃圾袋。

在福岡,天黑後拿出垃圾,晚上12點收垃圾,白天垃圾不落地。為何天黑後才能拿出垃圾?因為怕烏鴉啄破垃圾袋製造髒亂。雖然京都的烏鴉也很多,但福岡晚上丟垃圾的規定仍屬特色,是日本較為特殊規定晚上才能丟垃圾的地方之一。令我最驚訝的是,可燃性的廚餘一週只來收兩次,或許日本人普遍都不胖的原因就是怕有廚餘,所以寧可少吃一點也不要有剩菜發臭(哈哈,純屬玩笑)。

勇敢出發吧！
退休後我去日本留學
LONG STAY

住宅區附近的Sunny超市附有資源回收箱，解決了資源回收物「一個月收一次」的難題。

在日本的各個住宅區，均設有方便丟垃圾的場地，而且每個垃圾場上方皆加蓋鐵絲網或網子，這是為了防止烏鴉啄食而不只是怕狗咬。如果是一戶建，可放置在路邊有垃圾車會來收的投放點。

學寮專用的垃圾場，非居民不得使用。

每個社區收垃圾的時間也有規定，如團地是每週的星期二及星期五晚間收可燃性垃圾，學寮則是每週的星期一及星期四晚間收。這樣福岡的垃圾車和清潔人員的工作量就能平均分配在七天裡，可以有效

Mr Max附設的資源回收場，以回收紙箱和報紙為主。

利用所有人力和車輛。

　　福岡和台灣回收物分類方式也不太一樣，如電池、電燈、紙類、紙製牛奶瓶、鋁罐、小型家電等是資源回收物，但牛奶瓶要回收時塑膠瓶口要去除，包裝上有圖案說明如何輕鬆分離塑膠瓶口。如果是紙類，要分成紙箱、報紙，並拆解平放整齊。資源回收物可拿去資源回收場回收。

　　至於資源回收場，則沒有像台灣那麼方便，但是各賣場都有配置資源回收場供附近居民使用，以我們住的地區爲例：全家便利商店旁邊就有專門回收紙箱及新聞廣告用紙的地方，MR max也可以回收紙箱、寶特瓶、鐵罐等，Sunny超市也有類似的資源回收場，可以回收玻璃瓶，Reganet超市可以回收蛋盒（無色透明容器，和台灣常見的耐熱塑膠便當盒上蓋一樣的材質）。因此若要在日本Long Stay必須先了解當地可丟垃圾的時間及資源回收場，若是要省錢，就要跑不同的地方去丟。好在資源回收場所天天開放。

　　我們住家旁邊就有大賣場，除了可以直接回收紙箱、報紙、書本之外，還可以回收保麗龍、果汁紙盒、鋁罐、啤酒瓶等，讓我們省下很多回收垃圾袋的錢及寶貴的空間。不然小小的套房裡還要囤積一個月的回收垃圾，真的太可怕了！

　　資源回收物最重要的原則是，必須清潔完整，萬一破損或髒污，就要當垃圾丟棄！所以資源回收場都很乾淨，很少有異味，也鮮少看見蒼蠅及蚊蟲。我們住的學寮二樓或是團地五樓，都是門窗洞開，也沒有蚊子。

　　所以來日本長住，盡量不要亂買東西，因爲離開的時候，比較大型的垃圾都要花錢才能丟，而且還要喬丟垃圾的時間。幸運的是：我們因爲有尼泊爾的同學，出於省錢，他們都很樂意接收二手家具。

資源回收物放置標示。

## 日本車牌

來日本一陣子了，眼睛除了看花、看食物，不知不覺也看起了車牌。

汽車牌顏色至少看到了四種：

**綠底白字** 660CC以上，商業用途車輛，如計程車、公車、大貨車、聯結車等。

**白底綠字** 660CC以上，非商業用途車輛，如一般的轎車或休旅車。

**黑底黃字** 660CC以下，商業用途車輛，如商用輕型小貨車。

**黃底黑字** 660CC以下，非商業用途車輛，可以跑高速公路的喔。

如果你還能看到紅色（臨時車牌）、藍色（外交車輛）等特殊車牌，那就真的是好運，值得你拿手機拍下來，再告訴大家那是什麼車。

另外，比較有趣的是車牌號。日本車牌第一行是車籍名（如福岡、佐賀、大分等），第二行就是五個字，平假名加4個數字。但有某些特定的平假名不會使用，如：お、し、ん、へ。

不使用的原因是有某種歷史意義或是容易造成混淆，如「お」和あ、す及む字型相近，可能相互混淆。「へ」會聯想到屁，較不雅。「し」和數字4音近，和死也音近，所以不用。「ん」在日語中通常不出現在單詞的開頭，且讀音不易清晰辨識，可能會導致誤讀或誤寫。

「わ」則是租賃車會用的平假名，「れ」則是臨時車牌用的，只要看到這兩個字的車牌，就代表是出租車！

一般的車牌第二行（平假名加上4個數字）在登錄車牌時，可以加一

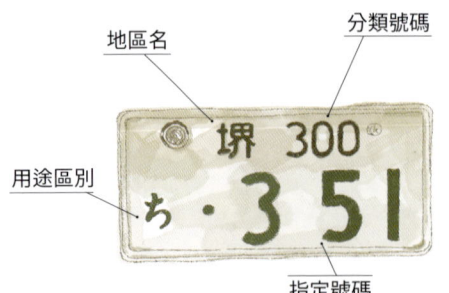

地區名
分類號碼
用途區別
指定號碼

點費用選擇自己喜歡的數字。所以也可以用「．」來代表一個字元，聽說越酷的越貴，例如4個點，最後加上7這個數字。可能類似華人圈喜歡的8888或是168的概念。不過日本人喜歡奇數勝過偶數。整個社區兩千多戶，我們也只看過一輛4個點的車牌號碼，可惜沒有拍下來，後來也沒再遇過。

話說，我們在福岡街上看到的幾乎都是福岡的車牌，有時有些大分、佐賀的；偶爾看到廣島就很稀奇了，至於東京、大阪的都沒看過。到底是高速公路費用太貴了？還是大家不太喜歡開車長途移動？還是另有原因呢？就不得而知了。

至於機車的車牌大小，和車輛的CC數成正比，車牌越大，CC數也就越大。日本人騎機車和二十年前相比感覺有比較多，但是跟汽車比起來，還是相對少數。而且機車牌照尺寸大小不一，有的好小，就算看到了，大概也很難看清楚，我和かない都戲稱，這麼小的車牌，就算違規超速被拍到，也看不清楚啊。

## 日本的材料科學

### 1.冰箱上方耐熱100度

因為居住空間狹小，所以廚房也要充分運用，日本的冰箱上方可以耐熱100度，微波爐放在冰箱上是家家戶戶的標配。而台灣目前的冰箱散熱由背面改成側面和上面，所以上面不建議放雜物，以免影響制冷功能。

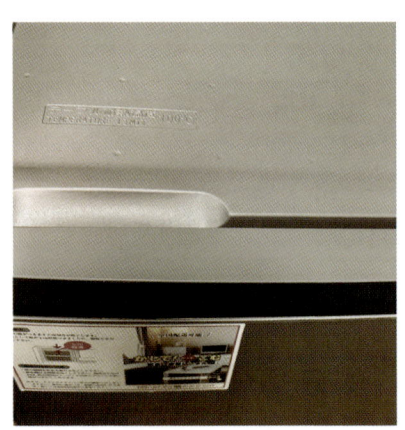

冰箱上的灰色上蓋耐熱100度。

## 2.隔音棉

　　學寮雖然是非常老舊的木造建築,但是神奇的是沒聽到過鄰居的沖馬桶聲音,就算是樓上正上方的鄰居,也聽不見。原來是日本的建築法對使用的材質有規定,裝修時,木牆壁一定要放隔音玻璃纖維棉,確保隔音效果,難怪可以很安靜的睡覺。在台灣目前最新的大樓也已經開始強調隔音了,但不知道成效如何。

## 3.一體成型浴室

　　為了搬家看過幾間屋子和套房,都是採用一體成型的浴室,保證不會漏水到樓下,而且很神奇:快乾不易發霉,非常好清潔,又沒有刮痕。就算是沒有對外窗,也不用一直開抽風機,洗完澡拿塊布,把地板的水擦一下,第二天起床就是一片乾爽。這種材質和施工,真的不會漏水,而且無噪音。

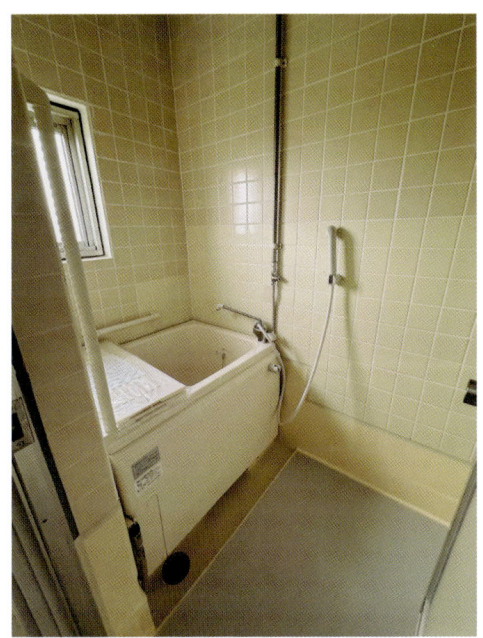

團地浴室地板的防水做得很好,不滑且易乾。　　學寮一體成型的浴室。

# 超市比一比

日本是一個生活機能非常方便的國家，住宅區內超市隨處可見，種類繁多，既提供豐富的商品選擇，又都有獨自的特色，所以不會陷入價格戰。每家超市的物品都非常多，我們住家附近就有好幾家超市，所以我就只能以我比較常去買東西的超市來對比（當然這是我個人的感覺），這樣就知道下次買東西，應該到哪一家超市比較合適。

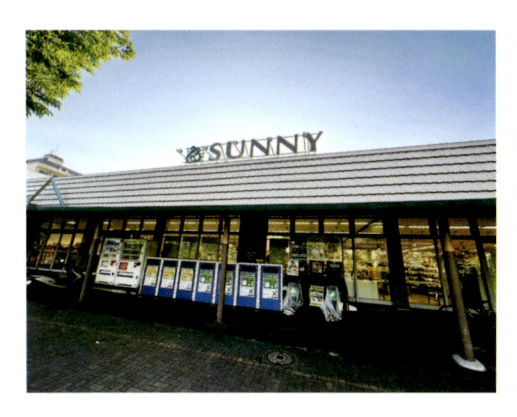

## 1.Sunny（陽光）超市

提供各種生活用品，比較特別的是，會有一個攤位專門擺放小農的農產品，例如紅豆、季節時蔬、醃落蕎等，尤其是嫩葉沙拉，如果是夏天就會特別搶手，可能早上八、九點就會被搶光。但這家超市的牛肉就沒有那麼好吃，魚也是。

這家超市所提供的吐司也比其他超市便宜，而且也更好吃，每天晚上七、八點之後，會把快要到期的全部放在一起特價出售。

如果只買蔬菜、生活雜物及吐司等，在這裡買是OK的。如果要買100%新鮮果汁，Sunny超市也是主要選擇。

好吃又便宜的白吐司。　　　　　　　　小農專區，農產品通常比較新鮮。

勇敢出發吧！
退休後我去日本留學
LONG STAY

## 2.マルキョウ（丸興）超市

這家超市的特色是，牛肉比Sunny超市好吃，種類也比較多，同時在每個禮拜會有某一段時間有特惠價，我們之前買過長崎AAA牛肉，非常好吃，我在買的時候都會挑有漂亮的油花！豬肉種類也比較多，而且看起來油花漂亮，品質比較高。

甜不辣種類也特別多，是Sunny超市的好幾倍，價錢也不貴，水果種類與Sunny差不多，但似乎新品上市的時間會比較快一點，蔬菜種類也比較多一點，但價格不是特別便宜。

也是唯一有提供廁所的超市，廁所又大又乾淨。

丸興超市有各種好吃的和牛肉，常常有促銷價，我們都等到半價才購買，十分划算。

就連海鮮種類也很多。

各式各樣的甜不辣，可惜沒有每種都嘗過。

69

很大間的大創,有兩層樓,店門前停的是我的腳踏車。

## 3.DAISO（大創）

　　百元商店,但也不是真的每項都是百元,只能說大部分是百元,有很多則需要二百元或更多,但無論如何都會讓人感覺便宜,我曾經在這裡買了一個長皮夾,100日幣（未含消費稅）,我很喜歡而且用起來方便,所以後來又再買了幾個帶回台灣。

　　有空可以來這裡逛逛,對於了解日本人的生活習慣很有幫助。例如毛筆的顏色有雙色（黑色和灰色）,原來不同墨水的顏色有不同的意義,黑色用在正式和喜慶的場合,灰色則用在弔唁。例如衣架,也有很多尺寸和造型,不是因為花俏,而是實際用途不一樣。

## 4.コスモス

　　主打「365日安い」，意思是每天都有便宜的東西，結帳也只能以現金支付。生鮮部門很小，感覺不是很新鮮，買了就要馬上吃掉，但是主打便宜。廚房用的各種濾網，這裡都有。簡單的彩妝和保養品占大宗，是主打商品但都不是知名的牌子。

## 5.2nd STREET

　　顧名思義就是二手店，以電器和衣物為大宗，也有一些家具和器皿，我曾經在這裡買過紳士草帽300日幣、一件裙子700日幣，及IH爐約6、7000千日幣（八成新，很好用且價格不貴）。但是一般只能付現，上萬元的才能刷卡，大型家電要付運費，6000元起跳。

2nd STREET充滿尋寶的樂趣，但沒有跳蚤市場的雜亂。

## 6.Reganet

營業時間較短，大約是上午9點到下午6點。價格也比較貴一點。特色是有些東西比較特殊、精緻，就我的觀察酒類應該是強項。

我並不常去，但常看到一些社區老人會去，可能是因為距離較近而且賣場面積比較小，不用繞一大圈，對步履蹣跚的老人較友善，這個優勢可以彌補價格較高的缺點。很多人都說：日本人都用「習慣」在過生活，買東西、吃飯的地方如果固定下來，就很少更換。

## 7.Mr Max

這是一家與其他賣場有很大區隔的超市，固然也有賣日常食品，但較少生鮮類，主打提供很多家庭生活工具類用品，如室內吸頂燈、電視、電風扇、園藝用品、廚房工具（非清潔用品）、收音機、汽機車保養用品等，因此若要買家庭生活DIY工具，到這裡買最合適。

我在這裡買過露營椅、CD播放器、曬衣繩、洗碗精、洗衣精、沐浴露、垃圾袋、吸頂燈和電風扇等。剛來的時候還特別跑去天神的BicCamera買了吹風機，後來發現Mr Max之後，就沒再去天神了。

## 公園設施

在福岡地區，無論走到哪裡，經常會在馬路邊看到中型或小型的公園，公園裡都會有乾淨的廁所（大部分都有衛生紙）、適合大人與小孩練習的棒球場地、無封頂的涼亭（與台灣大不同，但在下雨和酷暑的時候，就是缺點）及乾淨的洗手台甚至飲水機。

我剛到學寮的時候，因學寮的水不夠乾淨而不敢飲用，於是便到公園打水回家燒開。

日本人熱愛棒球，棒球練習場幾乎是公園的標配。

住學寮期間，每天上、下課都會穿過公園，在下午放學時，都會看到許多小朋友在打棒球，小朋友穿著配備齊全，非常專業，不像是娛樂性質的遊戲。尤其是假日，更有教練帶著小朋友不斷重複練習。日本人對棒球的熱情與專注真的讓人佩服。

日本公園的棒球場地，為何看起來總是那麼平坦乾淨，因為他們在打完球後，會用耙子把場地抹平，不會留下踐踏過、凹凸不平的痕跡。而且場地排水性非常好，大雨或是颱風過後，第二天就可以正常使用了。

無法遮陽擋雨的涼亭。

公園裡的洗手台。住學寮時我們偶爾會去接水回家用。

棒球練習結束後整平場地。

# 福岡的祭典

## 博多咚打鼓港祭

　　博多咚打鼓港祭是在每年的黃金周期間5月3～4日舉行，在福岡市中心的天神、博多車站及周邊的中央大街一帶，是日本規模最大的庶民祭典。每年的這兩天，民眾都會穿上自己喜歡的傳統服裝，在街道上遊行，在搭建的舞台和廣場上表演舞蹈，在整整兩天的舞蹈與巡遊過程中，總動員人數估計超過200萬人。

　　恰巧我們這次躬逢其盛，有幸碰到這場盛宴。更開心的是，台灣也有組團報名參加遊行，由世界知名的遊行代表「三太子」領銜演出，於是在前梵蒂岡大使和前海地大使（很幸運同時遇到兩位大使）的推薦、九州同鄉會長的邀約下，我們便毫不考慮的答應一起參加。

長長的隊伍，感覺很像龍，非常吸睛。

造型相當特殊的帽子。

台灣三太子也來遊行。

置身遊行隊伍之中。

　　這是我第一次參加遊行，而且就走在隊伍前面，後面緊跟著三太子，以及兩位穿著台灣原住民服裝的歐巴桑，很開心的邊走邊跳，再後面就是台灣在九州大學的留日學生，活動氣勢磅礡，無論男女老少，都充滿笑容，滿滿的開心與喜悅，讓人感受到這是一場全民參與的活動。

　　在隊伍外面看著隊伍遊行，與走在隊伍裡面看著外面觀眾，感覺完全不一樣，當看到很多民眾對我們的隊伍熱烈鼓掌，甚至拿著台灣護照揮舞，這種悸動真是無法形容。

　　遊行之後，同鄉會會長帶大家去餐廳吃飯，也介紹了今天參與遊行的人員，有兩位大使及其夫人，及多位久居日本的台灣人（很多都在日本待了三十幾年），大家相談甚歡，在飯局過程中，前海地大使帶領九州大學學生唱了「高山青」及「偶然」二首歌，將現場氣氛拉到最高點。但因為我們必須搭公車回去，所以沒有把酒言歡暢飲到最後便離席而去。

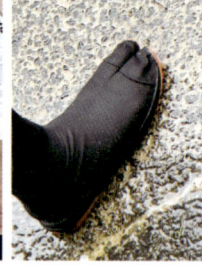

左圖：此祭典限定男人參加，參與活動的男子都穿著清涼的褲子，讓人想看又不好意思。花車沒有輪子，純粹以人力搬運。

右上：每支隊伍的山笠各有巧思，也列入評比的項目。

右下：看到大家穿忍者鞋，十分好奇，後來也買了兩雙來穿。

## 博多祇園山笠

　　博多祇園山笠是福岡市博多區最隆重的一個民間祭典活動，於每年7月1日至15日舉辦，祭典活動遍布整個博多地區。

　　在節日的重頭戲中，多支隊伍的壯士們，會肩扛重達一噸、精心裝飾的山笠花車競速飛奔，這是一種驅邪的祭典活動，一開始是爲了驅逐瘟疫傳播，在街道祈禱並灑播聖水，此後就成爲傳統，每年都會舉行一次，祈求瘟疫不再復發。此傳統起源於鎌倉時代，距今約有800年歷史。

　　每座花車的高度超過10公尺，是由各支參賽隊伍與博多的人偶大師一

起製作，在櫛田神社內，整年都會展出山笠花車，可以隨時去參觀。一座花車大約需要30名跑手才可以抬起，其他人則在花車前後或兩側跟隨奔跑，花車上會坐著6位台山，3位面向前方，3位面向後方，負責指揮。

此次的慶典共有三場，分別在7月12、13、15日三天。12及13日是在下午，15日則在清晨5點！每次福岡有重大的慶典我們都會盡量去參加，這次也不例外，我們一早約11點左右就到了，先去利久牛舌用餐後，就到現場等著下午祭典開始。

祭典活動開始，總共有13個流派，每個流派都派了數十人，多的超過100人，大家都抬著一頂轎子，純粹是用人力扛，而且還要用跑的，大約跑20公尺左右就會停下來休息，等後面的隊伍跟上來之後，再繼續往前推進。穿著如此涼快的服裝遊行，我只有在電視上看過，還沒有現場參與過，非常新奇！

德高望重者可坐在花車上，前後各坐三人，負責打節拍，控制速度，指揮前進。

出場遊行前，大家都站著等待。

# 留學生要搬家

## 找房子

租房真是一件令人傷腦筋的事！我們租的學寮原先可以住半年，但是學校臨時要我們搬家，加上我們對學寮的住宿品質也不太滿意，所以開始尋找新的住所。雖然學校也在幫忙找其他住宿地點，但距離學校較遠，這樣一來上課就會變得不方便，尤其是在雨天，就會更加麻煩。此外，垃圾回收也會變得不便利，我們現在住的地方附近就有資源回收的定點，搬家後就沒有這樣的福利了。

我們非常喜歡這附近的環境，這裡有幾家大型超市，還有牛肉燒烤店、居酒屋和拉麵店等，生活機能非常齊全。所以還是希望能在現在居住的社區內找到合適的房子。但是如果不透過學校，要自己租房子，那我們自己租到的房屋裡除了冷氣之外，就會什麼都沒有，冰箱、洗衣機、桌子、椅子、床鋪等都要自己購買。除此之外，租房費用除了租金，還有火災保險費、保證委託費、消毒費、鑰匙交換費、共益費、町會費、停車費、仲介手續費、禮金等等。

最難的是還需要保證人，我們在日本沒有熟識的朋友，原本有一位台裔華僑願意為我們做租房的保證人，但當她知道需要提供印鑑證明並蓋章時，就打退堂鼓了。我們可以理解她最後為何拒絕，若

學寮入口，上樓到底就是我們的房間。

換成是我也會這樣，畢竟萍水相逢，實在太冒險。

經過一番思考後，我們決定不要自己租房，自己租房太麻煩了，費用也相當高，在語言不通的情況下處理這些問題也很繁瑣，想想還是依照學校的安排，費用差不多，但事情簡單得多。雖然有些氣餒，但是沒辦法。

公園一景。這個氣派的老屋不知為什麼沒人居住，大大的庭院變成停車場，一樓的一個小房間變成賣小孩零食玩具的柑仔店。

學校為我們安排了宿舍說明會，邀請了仲介公司來解釋相關事項。我們冒著大雨跑去看房，房子雖然離學校遠了點，但屋內設施一切滿意，我們對於這次租房所有費用也不計較了，但後來發現這位仲介對於條約等說明不夠清楚，整個溝通過程令人感到困惑，不是很愉快，最後決定不想冒險，就放棄了這次的交易。

這次過程讓我們了解到，日本的租房流程非常複雜，需要提供各種證明資料，甚至連一次性付清房租都不允許。而且，簽約需要財力證明，這些都讓我們覺得很累。

找房子這件事搞了很久很久，覺得有些辛苦，就在這時候，我們突然想起剛來的時候，每天走路上學會經過一個公園，再經過一個「團地」，當時就覺得這個團地很漂亮，四周環境清幽，心想如果可以住在這裡該有多好。於是我們帶著碰運氣的心情上網查索，竟然看到有空房釋出，太開心了！二話不說馬上起身前往團地，將房子租下來了。

儘管找房過程波折不斷，但最後我們還是找到了理想的住所，回到最初希望的「團地」，實現了最終的願望，現在每天走路去上學，經過公園和清幽的環境，覺得這一切都值得了。

## 申請團地住宅

「團地」就像是日本的社會住宅，但是大部分的團地環境都維持得非常好，日本政府把團地的所有管理委託給UR。團地租賃需要符合一定條件，因此很少外國人士可以在團地租到房子。

此次租賃團地也必須辦一些手續，比較麻煩的是需要證明我們兩人是夫妻關係才能租同一間房子。當初在辦理留學簽證的時候，並沒有注意到身分的問題，現在如果分開以個人辦理的話，手續上會相對困難。

若以個人申請，兩個人都要分別填寫資料，要分別有銀行存款證明，每個月的租金也要分別付款，再加上水、電、瓦斯等，也都要分別以兩個人的名義來處理。這樣事情就變複雜了，最好是可以證明我們兩人是夫妻關係，那就可以住在一起了。

要如何在日本證明我們兩人是夫妻呢？我拿著我們的住民票，去市役所辦理住民票合併，並且要在住民票裡註明よしこ是我太太。於是我向市役所表明我們想要租賃團地的房子，市役所了解我的目的之後，要求我出示可以證明我們是夫妻的文件。

好在市役所承認中華民國的身分證，但由於身分證只有中文名字，於是我用

上圖：位於大橋站的UR辦公室。
下圖：UR的宣傳單。

護照讓他們比對中文名與英文名，最後終於同意讓我辦理住民票合併，並且也在住民票裡註明我們是夫妻關係。有了住民票的證明之後，再帶著我們在日本所有的文件資料，去天神UR辦理租屋事宜，終於成功！

UR有點類似台灣的財團法人，所以都依照規定來辦理，讓人很放心。不像一般仲介公司，讓人沒有安全感，而且在跟仲介公司交涉過程當中，感覺處處是陷阱，沒有什麼事講得清楚，甚至房屋點交也含糊帶過，讓人不放心。

關於團地建築，我真的很佩服日本人的設計，以我這次租賃的團地住家為例，我住在5樓頂樓，就算外面30幾度，但一點都不感覺熱，可能是因為天花板跟屋頂之間設有四個散熱孔，所以有散熱效果，連廚房的洗碗槽，也是台灣一般家庭的1.2倍，用起來很方便。

還有屋內的地板比後面陽台還要高，所以可以坐在地板上，把腳放在後面陽台，高度剛剛好，有種像日本傳統的一戶建，屋子裡面有另外一個庭院，提供屋主休息釋壓，以前在日劇裡看到這種建築，就夢想可以有這樣的房子，沒想到竟然在團地的公寓住宅「圓夢」了！

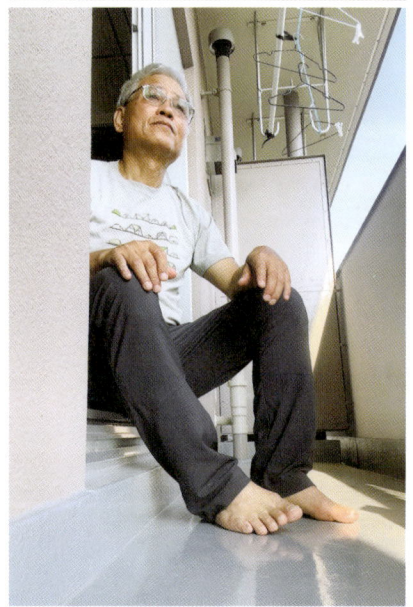

上圖：團地住家格局圖。
下圖：高低有落差的陽台，剛好可以自然的放下腳坐著。

## 我的團地我的家

　　我們租賃的團地,是已有五十幾年歷史的五層樓建築物,像台灣早期沒有電梯的公寓住宅,因此每天上下樓都必須爬樓梯,かない說這樣也很好,因為來日本之後都沒有定期運動,這樣剛好可以每天強迫自己運動。

　　雖說是五十幾年的建築物,但是維護得很好,外觀看起來堅固耐用,裡面就像是全新的房子,更沒有漏水、潮濕等情形,不得不佩服日本人嚴謹的做事態度,他們使用的建築材料也值得台灣參考。

上圖:團地棟距大,堪比豪宅等級。
下圖:團地玄關,可放鞋及雨傘。

勇敢出發吧！
退休後我去日本留學
LONG STAY

　　這個房屋大約有二十坪，格局是二房一廳一浴室一廁所，後面有一長條形的後陽台，上面有團地服務中心早已裝設好的曬衣架，因此曬衣服非常方便，而這二個房間的地板均為新鋪的榻榻米。我喜歡睡硬硬的榻榻米，睡在上面感覺像是在按摩背部，想按哪裡就翻身睡哪裡，用身體的重量來按摩，挺舒服的。

　　榻榻米滲出微微的藺草香，聞起來很清新，這種香味是天然乾淨的乾草味道，我真的非常喜歡。榻榻米底下只是鋪了一條條的橫木板支撐榻榻米，因此走在榻榻米上必須溫柔，不可以太用力，更不可以跳躍，最好重物也不要放在上面。

　　團地房屋的設計，還有一個很特別的地方——廚房，流理台及洗碗槽都特別大，這對每天必須洗碗的我來說，非常友善，再也不用小心翼翼的洗碗了。

上圖：吃飯對我們來說是大事，有這麼大的料理台很方便，洗碗槽也很大，連長柄鍋都放得進去。
中圖：我們都將衣物放在放棉被的壁櫃裡。
下左：其中一間臥室。
下右：浴廁外的洗手台，但我們很少用。

83

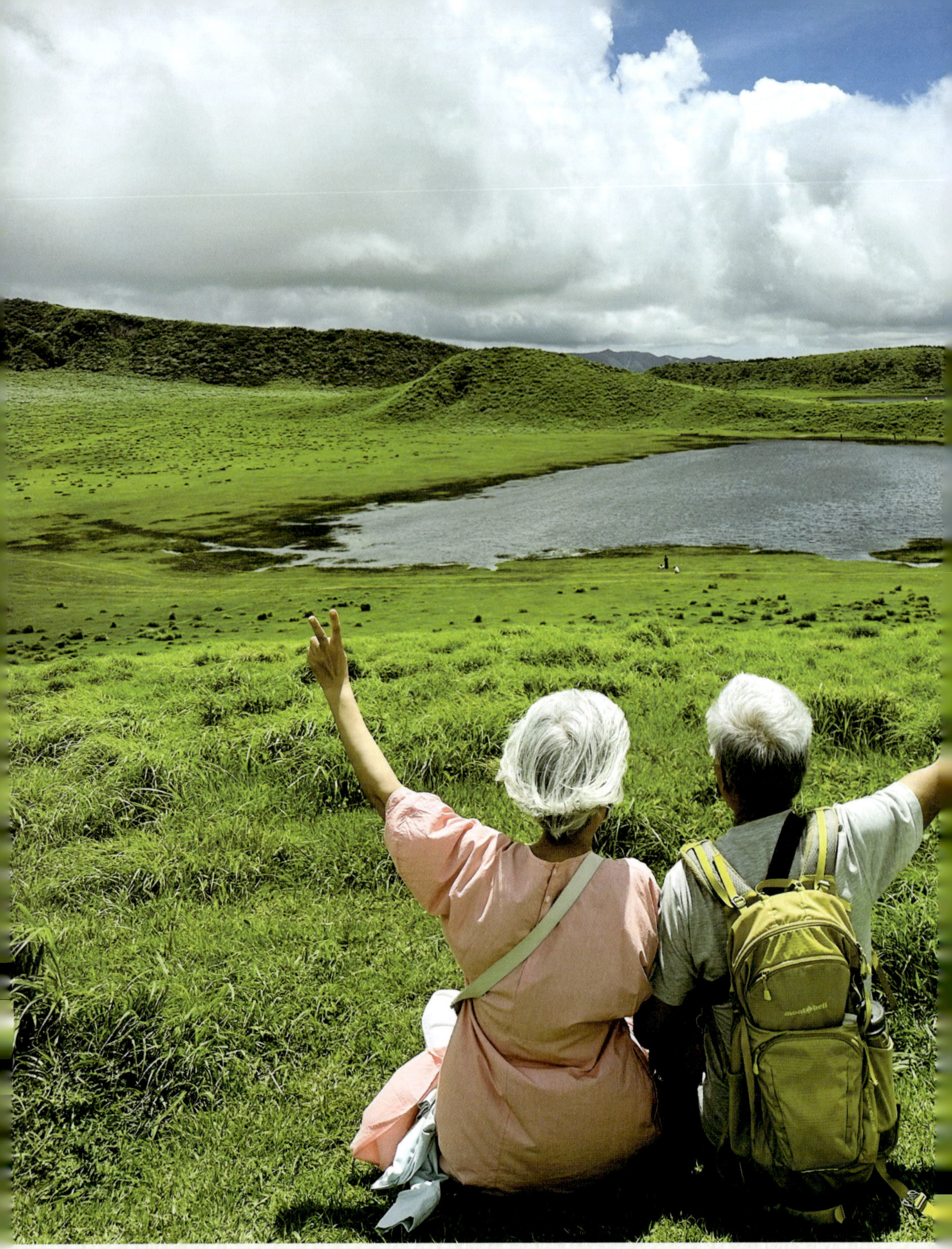

# Part 4

## 小旅行好好玩

既然是來體驗生活,當然就是要做些一般觀光客不會做的事情或是不會去的地方,偶爾騎車去市區逛逛,去小神社參拜一下或是去買買咖啡豆,把自行車當代步工具,也是我們的新方式。

當然也要順便去一些之前沒時間又不容易抵達的地方,KKDAY的行程設計非常貼近消費者,所以我們經常捧場參加。自駕則是我們這次的新嘗試,非常新鮮有趣,太值了!

# 鐵馬自由行

行程四 宮地獄神社

行程五 志賀島

行程三 能谷島

福岡

學寮

行程一 太宰府天滿宮

行程二 那珂川市

衝著記憶中某次在新聞裡聽到的一句話——福岡市的自行車道已經完成了。於是我決定把腳踏車也一起運來日本。

我們請捷安特店家幫忙拆解腳踏車，靠著一股傻勁，將兩台腳踏車，一路從台灣運送到了日本。

到達日本的第一天，我花了好幾個小時才大致組裝好一台，然而另一台卻卡關，鏈條始終無法裝好。我們猜可能是因為捷安特車行的老闆遺漏了某些零件，導致龍頭無法固定。其實腳踏車拆解只要龍頭轉向、拿下前輪、踏板、輪胎放氣應該就行了，但老闆卻拆解得很細，每個環節都沒放過，導致我們看到一堆零件卻不知如何是好。

幸好學校裡的越南職員滿懂腳踏車的，只好請他靠著之前這台腳踏車的舊照片，幫忙拼湊，最後卡內發現，只要把某個多餘的保護裝置取下來，就可以順利組裝完成，真的是「三個臭皮匠，勝過一個諸葛亮」，但龍頭還是少了一個封頂，不過影響不大。組裝完成的當下，真是開心得想大喊「萬歲」。

日本人騎腳踏車的風氣非常盛行，在日本騎腳踏車也是一種享受，無論是大馬路或小巷子，都設有自行車專用道，常常會看到無論是大人或學生，都以自行車當作交通工具，尤其是年輕的日本媽媽們，腳踏車後面還會加裝小孩的安全座椅，這種腳踏車大多是電動的，看起來非常堅固耐用，我都笑稱是單車界的「重機」，因為真的又長又重，騎起來安全又省力，這是日本特有的景象，也是日本特有的文化！

又長又重的腳踏車，堪稱腳踏車界的重機。

地面上的腳踏車符號與台灣不同,很有日本風格。

　　日本自行車專用道有三大類:一是獨立的自行車專用道,與人行道分開,當然也和汽車車道分隔開來,都很寬、很安全,是我們最喜歡的自行車道。天氣涼爽的時候,騎起來很舒服,真想學泰山邊騎邊呼吼。二是在汽車車道左邊用藍色油漆畫出一小條自行車專用道,通常是設置在人車都很多的商業區,因為人行道上漫步的遊客很多,自行車很難騎,所以會在車道旁劃出約50公分左右的自行車道。三是交通流量很小的巷弄,在路旁的一側或是兩側塗上綠色防滑漆,充當行人或自行車的專用路權,汽車駕駛在巷弄中都非常小心且慢,很安全。

　　其他時候基本上就是騎在單車和行人共用的專用道上,這種專用道大部分都會有矮牆或是欄杆保護起來,所以不用擔心汽車撞過來,不過要記得禮讓行人!雖然有些舊市區的自行車道比較狹窄,路面又凹凸不平,甚至會讓車子上下震動,但總體維護良好,很少出現突如其來的坑洞。

## 行程一
## 太宰府天滿宮

　　剛到日本，經過幾天的忙碌，我們決定出門騎車到處走走。但是因為一個組裝的小問題，直到中午時分，才真正騎著從台灣帶來的腳踏車前往太宰府，單趟約20公里，來回共計40公里。依照Google導航的路線，驚喜地發現沿途的風景非常美麗，櫻花滿開，每隔一段路就停下來拍照，拍到手機都沒快電了。

　　就這樣，我們終於騎到太宰府天滿宮，已經下午三點了。在天滿宮內四處走走逛逛，我們找了一家沒有人排隊的梅枝餅店（其實是爆紅人氣店，只是剛好當下沒人），買了兩個餅，餅皮口感介於最中和麻糬之間，豆餡不甜膩，非常好吃。我們倆省了幾千日圓的交通費又達到運動目的，內心暗暗得意。

上圖：第一次全副武裝鐵馬行，出發囉！
下左：因為騎車才有幸造訪的遺址。
下右：參道上的特色點心。

左圖：清滝溫泉的大門。右圖：外觀看似老房子，其實裡面別有洞天，有戶外溫泉、餐廳、烤箱以及蒸氣室。

行程二
## 源泉野天風呂　那珂川清滝

　　在第一次由福岡南區往東騎到太宰府後，這次則決定往南騎，地點是「源泉野天風呂　那珂川清滝」溫泉。沿路我們打開音樂，邊騎邊聽著「雙人枕頭」，哼哼唱唱，享受自由行的愉快氛圍。

　　從福岡南區到清滝湯池約15公里，1小時左右腳踏車程，沿途經過充滿田野風味的鄉間小路，田野間的小溪清澈，小溪裡應該還有很多不受污染的野生魚類吧！這景像讓人彷彿回到了台灣早期的農村。

　　清滝湯設施原始，半山腰的林木間有許多被岩石包覆的湯池，彷彿置身於自然的懷抱中。我們找了電氣湯嘗試，電氣湯前後有通電，坐在兩片導電片中間，電流流經右手，讓手顫抖起來，腰間酥麻失去感覺，屁股則像有電力般，直往上衝，感覺可貫通奇經八脈，打通原有的痠處及痛點。

　　此處雖然較偏遠，但泡湯訪客仍舊不少，有附設用餐食事所，價位不貴，氣氛很好，餐點也好吃，我們在這裡享受了輕鬆的泡湯體驗，回程途中還發現一家專業的麵包店，於是隨手挑選了幾個，便成為我們的晚餐和第二天的早餐。

> 勇敢出發吧！
> 退休後我去日本留學
> LONG STAY

### 行程三
# 能古島

今天又是一個適合騎車的好天氣，下禮拜就要開始正式上課了，把握短暫的假日時間，揪隔壁的年輕同學一起騎車去能古島，腳踏車單程約1小時，來回2小時。

到達碼頭後，我們決定把車也送上船，跟我們一起去能古島，如果能在島上騎自己的腳踏車，也算是為個人及自己的車寫下一個新紀錄吧！

船行10分鐘就到了，我們開始騎車環島，遇到陡坡騎不動就下來用牽的，不久，終於順利抵達終點──能古島公園。

公園裡四處開滿鮮豔的花朵，色彩繽紛，爭奇鬥艷，原先以為花期已過，看到這景像，掃除了先前內心的擔憂，原來這裡四季都有花可以觀賞，美景當前，我也拍出了許多好鏡頭。

上圖：能古島上安靜的神社入口。
中圖：島上的公園開滿美麗的花朵。
下圖：三位鄰居同學也經常同騎。

### 行程四
# 宮地嶽神社

　　很早以前就想來此神社參拜了，今天查了一下，騎腳踏車單程約35公里，4小時內應該可以到達，這樣就來得及在天黑回到家，於是騎上腳踏車就出發了。

　　車騎經過機場周圍，而且還經過機場前面的公車站，那裡就是出機場轉往市區的車站，我也曾經在那裡入境等過好幾次車，如今我竟然騎腳踏車從這裡經過，沒想到人生竟是如此峰迴路轉。

　　我們一路暢行，很快就來到宮地嶽神社，此神社供奉「宮地嶽大明神」，與商業繁榮和家運昌隆有關，此神社有兩個十分著名的特色景觀。

　　一是神社懸掛了十分巨大的注連繩（しめなわ），注連繩指的是一種結界，區分神域空間與凡間，注連繩所懸掛之地，也是受神明保佑之地。此注連繩是由稻草相互扭轉糾結而成，象徵五穀豐收的意思，由於是眾人合力完成，也象徵團結的意義。

　　另一個特色景觀則是，從階梯上俯瞰表參道，天氣晴朗時，可遠眺街景與大海，彷彿表參道直接通向海平面，形成絕佳的觀景效果！

上圖：直通大海的神道，是最經典的打卡照地點。
中圖：全日本最大的「注連繩」，每年都會更替懸掛。
下圖：福岡市內常見的散步空間，腳踏車要慢慢騎行。

勇敢出發吧！
退休後我去日本留學
LONG STAY

行程五

# 志賀島

從福岡南區到志賀島的腳踏車旅程，單程約34公里，騎行時間約3.5小時。我們這次來回共計68公里，再加上環島路線，總計約80公里，耗時約10小時。經過之前幾次的騎行鍛鍊後，今天同學們的表現都非常出色，順利完成了這次長途往返。

在抵達「志賀海神社」前，我們還未踏上階梯，就注意到一個非常特別的物品——御潮井。這是一種以前從未見過的淨身儀式，用砂來淨化身體，有祝福與保佑的寓意。

「志賀海神社」是一座很特別、很有古典韻味的神社，讓我們深感震撼。我很久沒見過這樣的神社了，我非常喜愛。神社內有些石碑是明治年間的遺物，已有百年以上的歷史。我特別喜歡這裡古色古香的氛圍，以及未經修飾的古老建築，完整保留了歷史的原貌。

在同行夥伴的提議下，我們決定進行環島騎行，將這次志賀島之行變成一場自行車環島之旅。沿途，我們看見許多跑車和重機，可見志賀島也是福岡地區摩托車愛好者釋放激情的地方。

上圖：古老幽靜的志賀海神社。
中左：承載願望的繪馬架。
中右：御潮井——用砂子代替水來淨手。
下圖：環島公路。有些路段沒有自行車專用道。

# KKDAY旅遊

　　博多正好是許多一日遊的起點，不論是日本人的旅遊團或是華人圈有名的KKDAY，都會在筑紫口的廣場集合出發。所以經常會看到「萬旗飄揚」的情形，每個團隊的導遊都會拿著一隻旗子揮舞，非常壯觀。

　　這種在地的旅遊行程有很多，如TOKYO EZGo：講中文的領隊，通常參加的旅客以台、港、澳及新加坡、馬來西亞為主。KKDAY：也是中文導遊。Haru Bus：日語團。読売旅行：日語團。クラブツーリズム：主要以日語為主。如果能參加日語團，就代表溝通無障礙。

　　可以選擇自己喜歡的行程參加，我們最常參加的就是KKDAY。

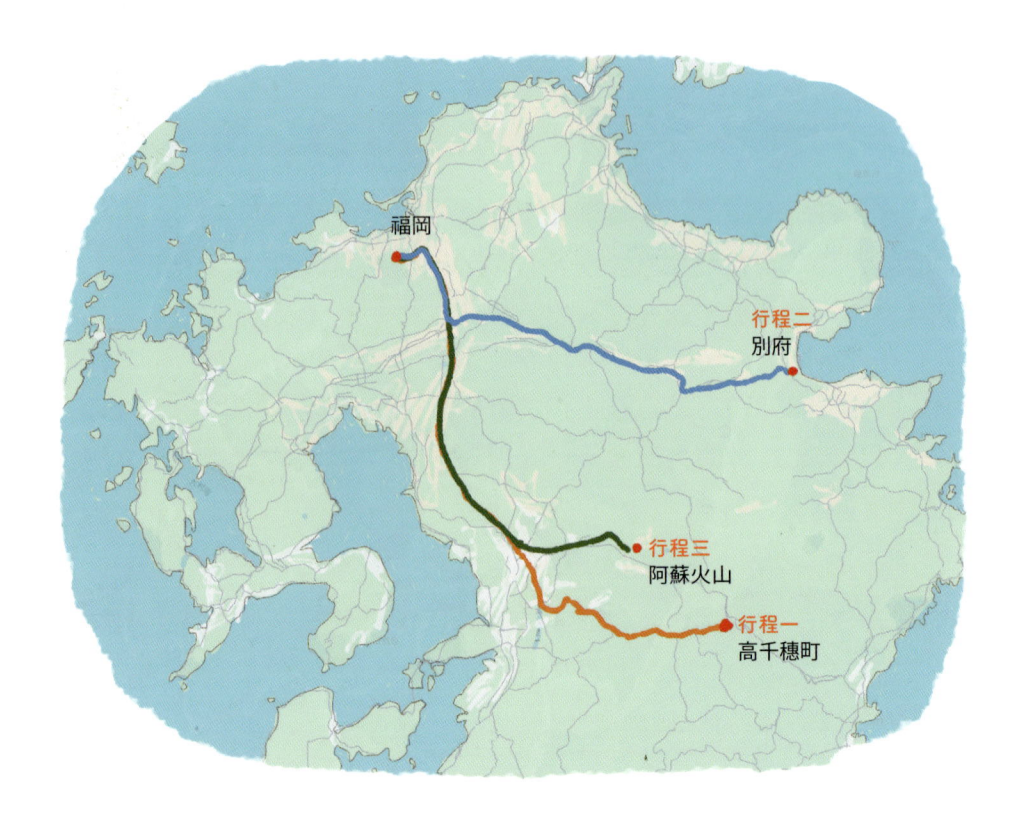

### 行程一
# 高千穗峽谷

　　一早，我們從學寮搭7點的69號巴士前往博多站筑紫口，一下車就看到Lawson便利商店前已滿是人潮，我們跟上KKDAY的旅遊團，往高千穗峽谷出發。

　　巴士在高速公路奔馳約一個半小時，停在休息站稍作休息，這時，一位台灣人向我打招呼，他是退休後再來佐世保船廠工作，預計停留三個月，今天則帶著太太一起出來玩，正巧與我們同團。原來台灣不只造船業聲名遠播，船隻的檢修技術也很出色。

　　我告訴他，我以留學生簽證的身分來這裡，聽到我的計畫，他覺得非常驚訝，也感到不可思議。我則強調，我最大的目的是體驗生活，學習日語是其次。

　　在休息站，我們買了兩種和果子：牛奶巧克力餅乾及中村屋的小城羊羹。かない說這種羊羹特別好吃，而且羊羹在台灣早期還是登山客必備的糧食之一，可以補充體力。

沿途風光。　　　　　　　　　高千穗神社的屋頂和合掌村的屋頂很雷同。

回到巴士上,我們沿途發呆、打瞌睡,欣賞公路兩旁的田野風光,稻田井然有序,黃綠相間,有時在遠處稻田中間,幾株高聳的樹林圍繞著農家,這樣的畫面從眼前一幕幕滑過。

今天整天都是陰天,雖然沒有陽光可拍光影,但是環繞峽谷的滿山林木及神社別有一番風味,這裡的樹木都是幾百年的神木級樹種,筆直高聳,沒有分岔,像極了熱帶雨林中的樹木,人在其中行走,尤其能感受到這些參天古木所散發的豐沛芬多精。

高千穗神社與多數地區的神社不同,古樸盎然,沒有鮮豔的色彩,木質建築透露著歲月的痕跡,很有古代風格的延續。峽谷岸壁的岩石,乍看之下很像人工雕刻般整齊,真是不可思議(其實是天然形成的),由於河道不寬且陡直,用手機就能輕鬆拍出立體感。在峽谷溪流中,還會有幾艘旅客乘坐的遊船,經過峻峭的峽谷峭壁,湍急直下的瀑布沖刷著船隻兩側,彷彿在告訴旅人,你們已經脫離凡塵,請享受此刻的寧靜。

坐上巴士回到博多,今天特別想在市區多留一晚,沒什麼特別原因,只是因為很久沒住旅館,想重新回味一下而已!

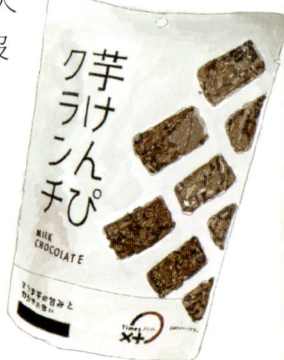

上圖:峽谷步道一景。
下圖:前殿旁立著兩棵高大的杉樹,互相依偎,稱為「夫妻樹」。據說夫妻、戀人手牽手繞這棵杉樹走3圈,就能保佑姻緣,我們也隨俗的走了3圈。

高千穗峽谷景觀十分幽美，遊客可租借小船泛舟。

行程二

## 由布院與別府溫泉

最近這一段時間，日本晚上的氣溫都很舒適，睡前溫度大約是二十度左右，就像是有天然冷氣，很舒服！當然也是出遊的好天氣，於是我們決定去大分縣走走。

## 太宰府天滿宮

在前往大分縣由布院前的第一個休息站便是之前騎腳踏車來過的太宰府天滿宮，天滿宮是全日本與我結緣最深的神社（已是第四次來訪）。第一次是在二十幾年前因公出差到日本，「路過」天滿宮而進來參拜。讓我印象最深的是：覺得很有古味、很清幽，讓人馬上就愛上了。

二遊太宰府，因為這次跟團，所以可以穿美美拍照。

走進宮內可看到左邊有幾座橋，第一座太鼓橋乃前世橋、第二座平橋為今生橋、第三座太鼓橋則為來世橋，分別代表跨越前世、今生、來世的意思。

天滿宮有點類似台灣的文昌廟，因此每次造訪都會遇到很多日本學生來此參拜祈福。但我來了這麼多次，日文學習還是咪咪貓貓，我可能是個例外吧！不過我還是喜歡這裡！

在天滿宮的表參道，隨處可見販賣梅枝餅的攤商，建議來這裡的旅客不要錯過！かない這次入手了一把長傘，上次騎車不方便攜帶，這次跟團坐巴士，當然不會錯過。

上圖：很喜歡碑文上質樸的書法。
下左：かない如願買了綠色長柄雨傘。
下右：心池上的三座橋，具有過去、現在、未來「三世一念」的意涵。

上圖：金鱗湖波光粼粼，倒映著背後的山丘與靜謐的房屋，宛如一幅流動的畫卷，令人陶醉。下圖：街上有許多文青風格小店。

## 由布院

　　這裡是頗負盛名的溫泉鄉，但這次是跟團，就只能在限定的時間內到處品嚐、看看街景。這裡最具代表性的景點就屬「金鱗湖」，很多攝影師搭配自然光線及選擇特定時辰拍攝，讓「金鱗湖」顯得更耀眼動人。其實湖本身不大，美的是旁邊有山景襯托，加上湖邊旅館的倒影，如同一幅畫般美不勝收。

　　附近的湯之坪街道就是文青風的購物商店街，假日期間人山人海擁擠異常，不過可以品嚐一些當地的特色美食。

## 別府溫泉

　　接著來到別府地獄溫泉，此處共有八個地獄，第一站是かまど地獄（灶地獄），這裡人比較多，略顯擁擠，同時有某個溫泉的水是可以喝的，口感像有點鹹鹹的自來水，完全沒有硫磺味，聽說捷克溫泉鄉的溫泉即是以喝為主，而不是泡，喝了之後是不是可以消毒殺菌，把體內的細菌殺光光，那就不得而知，但可以補充一些微量礦物質倒是真的。

　　別府地獄溫泉最有名的兩大溫泉即血地獄及海地獄，血地獄顧名思義就是一座紅色的溫泉池，這也是血地獄之名的由來。這裡的溫泉眼都不大，但溫度很高，商店的販售方式，也很像40年前的台灣。

灶地獄。

血地獄。

海地獄的自然景觀就漂亮多了，有池塘、樹木、溫泉，經過人工的整理，池中倒影襯托溫泉池上升的煙霧，非常有氣氛！而且有很多地方可以坐下來欣賞風景，不會曬到太陽，就算坐上半小時也不會無聊。

其實有時候我還滿喜歡聞一下硫磺的味道，也很喜歡看著冒煙的溫泉水，有放鬆心靈的效果。總而言之！這趟旅程讓我覺得日本的鄉下真漂亮，來福岡真是正確的決定！

海地獄。

下左：灶地獄附設的免費足湯。
下右：海地獄其實是個寬闊的公園，中間有座蓮花池，除了一般的蓮花之外，也利用溫泉栽種各種熱帶植物。

行程三

# 阿蘇火山行

　　巴士從博多車站筑紫口出發，向熊本縣方向行駛，途中經過了菊陽町，往遠處高高的台地望去，一間大型工廠矗立其上，我猜想，那應該就是台灣之光「台積電」吧！於是馬上用Google Maps查詢，果然台積電就在附近。

　　巴士一路往山的方向前進，跟上次去高千穗的方向相同，沿途風光依然明媚、稻田翠綠如畫，田中央有許多聚落點綴其中，這是我最喜歡的田野景緻，因爲像極了台灣早期風貌。

上圖：名符其實的「草千里」。
下圖：巴士沿著山路向前駛去，兩旁綠樹層疊，彷彿一條綠色長廊。

103

## 上色見熊野座神社

　　這是前往阿蘇火山的第一個停靠站，因宮崎駿的螢火蟲之墓在此取景而聞名。遊客不少，但是沒有求御朱印的地方，所以我的朱印帳就沒有出動了。

　　據說這座神社已有超過千年的歷史。神社雖然不大，也沒有金碧輝煌的外觀，但古樹參天、古老台階蜿蜒，加上兩邊的燈座，青苔斑駁，整體氛圍古樸莊嚴。這裡是一座著名的祈願神社，據說心願在此可成真。

上圖：筆直挺拔的杉樹直指天際，濃密的綠蔭如天幕覆蓋，散發著一種神祕的氣息。
下左：上色見熊野座神社的主殿。
下右：參道上的鳥居與石燈籠滿布青苔，增添了幾分幽靜與古遠。

勇敢出發吧！
退休後我去日本留學
LONG STAY

## 阿蘇火山

　　阿蘇火山的天氣通常不佳，不是下雨就是煙霧濛濛。今天幸運地遇上了好天氣，但由於火山口的煙霧過於濃厚，怕引發身體不適，我們不敢靠近，只能將車停在一處，遠遠眺望。

　　近阿蘇火山的「草千里」長滿還不到膝蓋的短草，覆蓋方圓數里的幾個山頭，綠草如茵，在強風中搖曳。在這裡行走稜線，是遊客們必拍的鏡頭，休息區裡提供了當地特有的阿蘇紅牛，價格實惠，肉質相當不錯，就算無法享受到頂級部位，但仍然令人滿意。

上圖：火山口冒出濃濃的灰色煙霧，由於周邊流動著有毒的火山氣體，所以我們不敢靠近。
中圖：休息區裡的牛肉與豬肉餐點。
下圖：從草千里遠眺，一座形似烏紗帽的小山丘靜靜矗立，有種祥和的氣息，具有吉利的象徵。

## 黑川溫泉

結束阿蘇火山之後，順道前往「黑川溫泉」，這裡我很早之前就想來，但要自己來會有些困難，因為距離較遠，除非是開車，否則幾乎無法抵達。我對這個溫泉區早有耳聞，印象中是在演歌裡看過那個大大的黑色招牌，上面寫著「黑川溫泉」。

這個溫泉區其實不大，但非常有特色，大部分都是戶外溫泉，泡溫泉一人只要600日幣，很划算，但因為是跟團，かない也只能泡25分鐘過過癮，她泡到滿臉通紅，於是我買了芒果布丁給她解熱。由於此處較偏遠，如果不打算在此住一晚，應該就不會來了。

左圖：清可見底的黑川。右上：煮溫泉蛋。右下：黑川溫泉的溫泉路。

**勇敢出發吧！**
退休後我去日本留學
LONG STAY

　　福岡有巴士直達這裡，但是建議要過夜，然後再搭第二天中午的巴士離開。這裡也沒有什麼營業的店家，五、六點之後，整個溫泉區就變得靜悄悄。若是這裡能開個兩家居酒屋、兩家咖啡廳、一家便利商店，且營業到晚上10點，或許就值得住上一晚。

　　無論如何，今天能夠在一日之內遊歷阿蘇火山和黑川溫泉，已經讓我們非常滿足。回程途中還經過了「九重咖啡廳」的食材起源地，及以重機路線盛名的「九重町」，更是值回票價。

上圖：圖為學寮附近的「九重咖啡廳」，九重咖啡的餐飲食材都來自九重町。
下圖：靜悄悄的溫泉商店街。

# 自駕四日行

　　自駕真的很方便，但是也令人提心吊膽。方便的是可以到一般遊客較少去的地方，又不用等車等到地老天荒。提心吊膽的是要看導航還要注意路況，真是手忙腳亂。幸好一路上也沒有發生加油和煞車搞混的恐怖烏龍事件，真是不幸中的大幸！

　　這次規劃了四天的自駕行程，從福岡市南區開車到下關，再一路沿著高速公路經過山口縣到廣島。以廣島為據點，第二天去吳市的海濱公園，第三天則去世羅高原，最後再從廣島經山口縣回福岡。

　　其實最初的行程是想去平時較不易前往的山陰地區，但七月初山陰地區才下過暴雨，所以部分路段還未能通行，但是我又很想出門去玩，因此臨時改變行程前往廣島，途中經過下關。

### 第一天

# 下關、山口縣、廣島

　　一早，帶著雀躍的心情，我和かない展開自駕行程。車開到下關，在這裡吃了兩片鯨魚壽司，因為店家只剩下兩片，雖然不過癮，但有吃到就不會有遺憾。

　　記得二十幾年前，因工作關係曾到日本很多地方的工廠考察，途中經過下關，參觀了簽訂馬關條約的「日清議和館」，當時讓我印象最深刻的是，日本乾淨到了極點，就連馬路都乾淨到可以隨處坐下來，從此對日本刮目相看。

　　這些年雖然也常來日本，但一直沒機會再來，今天終於再度造訪，景物依舊、乾淨依舊。

中日甲午戰爭，中國戰敗，李鴻章受命前往馬關（今下關）的春帆樓與日本談判，簽署了「馬關條約」。如今，春帆樓不僅是一處歷史名勝，也是一家提供傳統日本料理的料亭。

車子經過山口縣，這裡不是一般遊客常來的地方，但令人吃驚的是，這個小地方竟然出了八名首相，包括我很敬重，具有武士道精神的安倍晉三。在山口縣的高速公路兩旁，除了樹木森林外，還有遍植整個山頭參差不齊的竹林。

到了山口車站，有一種落寞蕭條感，但再往南走二公里，來到「湯田溫泉」，這裡就熱鬧多了，溫泉旅館看起來設備都挺豪華，但是餐廳消費價位卻比其他縣市便宜，或許這才是真正的山口縣。

上圖：兩位日本女學生騎著單車經過山口車站前，洋溢著青春與活力。
右下：來下關三次，這次終於到「赤間神宮」參拜。
左下：此神社最著名的特色是支撐朱紅屋頂的巨大白色宮門，這是一座為紀念壇之浦合戰中而逝的幼帝安德天皇所建造的神社。

勇敢出發吧！
退休後我去日本留學
LONG STAY

左圖：廣島的路面電車。
右上：煎生蠔。
右下：廣島燒，好吃不鹹。
下圖：旅程中提供休憩的圖書館。

　　接著一路往廣島前進，我在日本第一次看到電車行走在路面上，就是在廣島，那也是很多年以前的事了！我們依著地圖往海邊走，途經一間圖書館，開車開累了，想下車走走，於是就進到圖書館四處看看，反正沒來過的地方都算是行程，而且這種行程不是任何人都有的，我們喜歡在尋常之中發現不尋常，這樣通常會讓人更驚喜。

　　來到廣島一定要吃兩種東西，一是牡蠣，二是鐵板燒，今晚我們就點了兩份牡蠣和一份鐵板燒，也是今年來日本的第一頓牡蠣餐。

111

## 第二天

# 吳市

上圖：充滿氛圍感的寧靜海灣。
中圖：炙熱的太陽讓人無法放下陽傘。
下圖：與一望無際的大海相比，かない更鐘情於環抱小島的海。

　　我們開著車往吳市出發，沿著海邊及小島，往高處的方向前行。一路上，景色怡人，天上的雲彩光束層次分明，藍色海水在船隻的沖刷下泛起白浪，兩者合而為一，即使是用手機也可以拍出絕美照片。

　　遠處還有鄉下農家的炊煙及淨白的沙灘，再加上蚵棚點點，構成一幅美麗的圖畫，原來廣島馳名全日本的肥美海蚵仔，來自於此。

行程總是要不斷的掀起浪潮，話說別人沒有的，我們不一定沒有，沒想到就發現車子前輪的輪圈有碰損，依照租車公司的規定，要跟警察局報備，再跟租車公司說明，所以今天下午就先去警察局進行報備，幸好警察先生願意幫我們打電話給租車公司解釋。

　　晚上去居酒屋用餐，用餐時碰到兩位廣島人，非常熱情地與我們聊天、合照，大家都很開心，我的日語雖然二二六六（因爲始終停在N8等級），但很擅長使用肢體語言做補充，再加上かない也會幫忙翻譯，所以相處起來沒有障礙。

上圖：笑容是最好的語言。
中圖：車子損傷，只好找警察協助。
下圖：潔白的雲朵飄浮於湛藍的天空，幾艘小船點綴在平靜的海面，散發著悠閒與和諧的氛圍。

## 第三天
# 世羅高原農場

　　今天的目的地是世羅高原，我們沿著山谷一路往高原的方向行駛，沿途有點像花東縱谷，但是更原始，有點入荒山的味道。雖說入荒山但並不荒涼，更精確一點說，應該是有點寂寞且有歷史的韻味。

　　道路兩旁的房屋建築很奇特，都是二樓以上佔地很廣的建物，感覺應該很有歷史淵源。

　　再者都是稻田，然後是森林茂密的山丘，很是舒服，我們開開停停，可是馬路不寬，停車不方便，直到かない下令不准再停車，美麗的風景就只能用眼睛看，不能拍照記錄了。

沿途車流稀少，四周皆是農村景色，農家出身的我非常喜歡這樣的田園風光，可惜かない不懂。

**勇敢出發吧！**
**退休後我去日本留學**
**LONG STAY**

　　最後終於抵達目的地「世羅高原農場」，這裡是一片地勢略高的高原地，所以即使艷陽高照也不覺得熱。

　　世羅高原是一個地區的統稱，真正美麗的景觀是前往目的地的沿途風光，這個地區有一些小小的、民間各自設立的小農場，其中以世羅高原農場規模最大，人潮也最多。

　　該農場四季都有不同的主打花卉，我們來訪時正是向日葵滿山遍野盛開的時節，很是耀眼！

　　農場的餐廳用餐價格不會比外面貴，也有咖啡廳及供應燒烤玉米（現採的非常甜）、冰淇淋等。

此時的世羅高原農場正逢向日葵盛開。

115

## 第四天
# 回福岡

　　最後一天，我們離開廣島這個美麗的城市，其實廣島市有很多景點可以參觀，但因為這次是自駕行程，所以我們盡量選擇郊外景點，如果是坐車的話，很建議可以在市區漫步，深入體驗廣島。

　　在這次的自駕行程中，我們發現日本加油的類別有三種：紅色、綠色及藍色，所以租車時只要問清楚，要加哪種顏色的油就可以了，日本的油價沒有比台灣貴，感覺差不多！但是高速公路的過路費卻大約是台灣的五倍，真的嚇死人了！

　　這次租車的成本也不低，Nissan 1200CC租金43500日幣，福岡廣島來回過路費約18000日幣，加油兩次約7000日幣，再加上刮傷賠20000日幣，共計88500日幣，雖然不便宜但很值得！

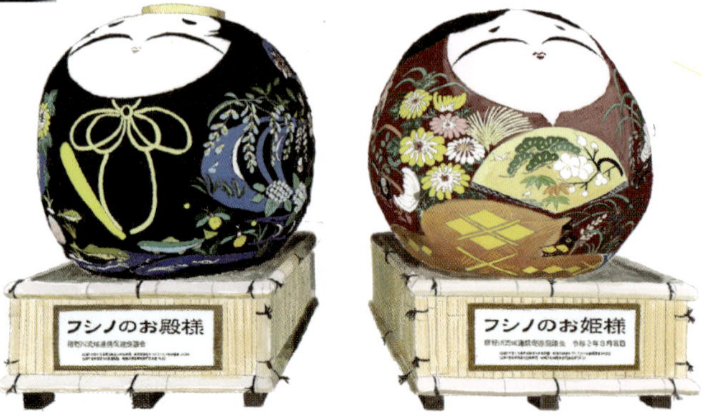

上圖：回福岡的高速公路上。

下圖：日本各地的油價並不統一，會依地區、城市甚至加油站的不同而有所變化。

山口車站前的大內人偶

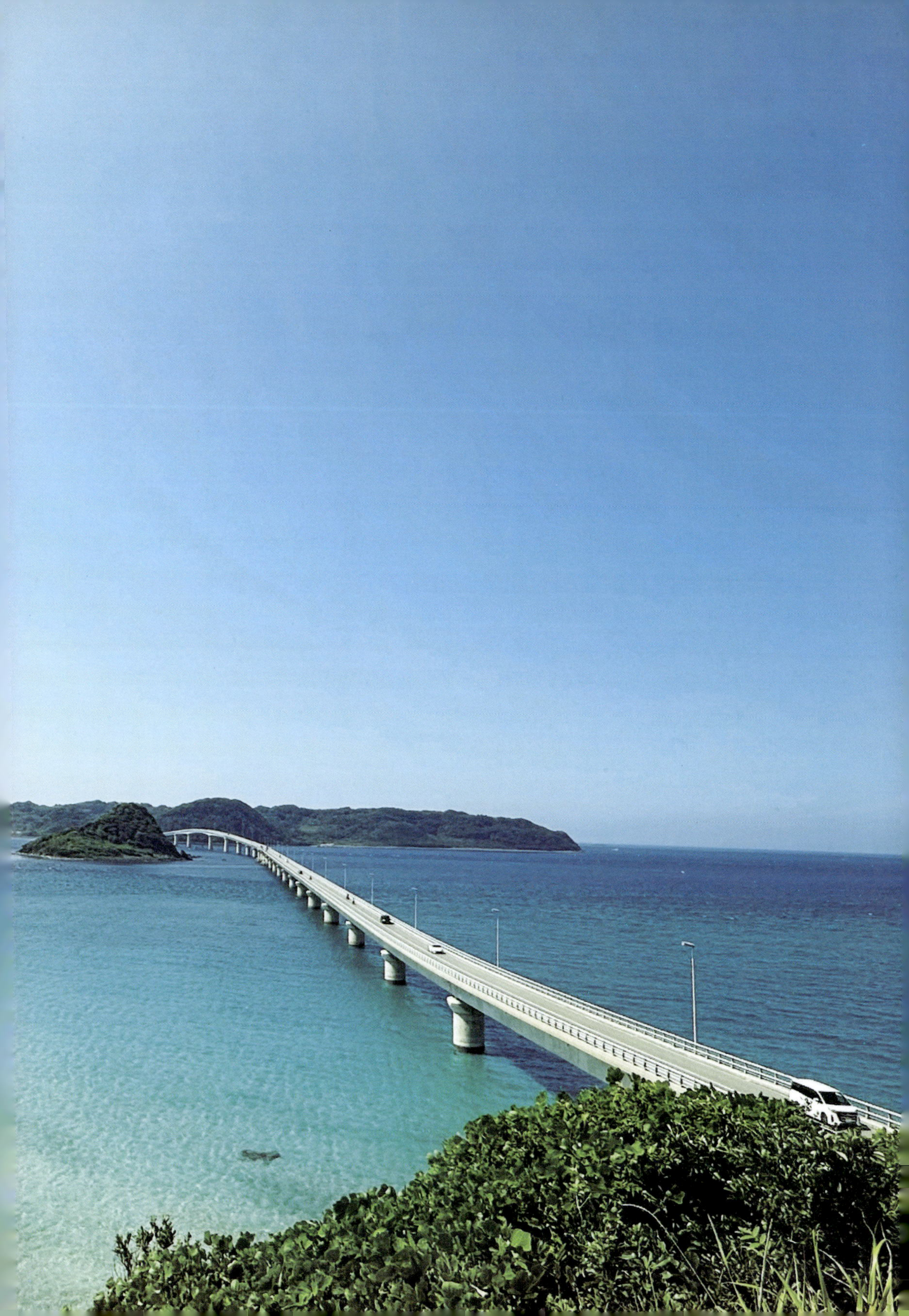

## 附錄 1

# 出國前，必須先知道的事

　　在即將出國長住的日子裡，除了行李的整理，生活中的一些瑣事也需要提前安排妥當。細心準備這些事項，不僅能在異地生活更加順心，也能在國外的日子裡更加安心。

1、 稅金：確認各類稅金是否已經辦理自動扣繳，最好在出國前2個月就要開始處理，畢竟在國外處理這些事務可能會耗費更多的時間和精力。

2、 手機門號及網路：考慮是否暫停手機門號服務以及退訂家中網路和第四台（請自行評估）。我個人使用的是很划算的方案，所以不想停辦。

3、 數位銀行：建議要申辦有轉帳功能的數位銀行，處理資金會比較方便，如有買股票，需要匯出資金，又或者有想不到的臨時支出，要請台灣親友代為處理，也可以使用數位銀行事先轉帳給對方。

4、 自然人憑證：非常重要，建議一定要帶，因為萬一要和公家部門打交道，這個是身分的重要憑證，比起手機和健保卡的認證方式，更好用更省事。尤其是報稅，像我們這次在日本春暖花開的時候來，就碰到報稅問題，如果有自然人憑證的話，一切就順利多了。

5、 汽車與摩托車：最好請人定期發動及開出去高速公路跑一跑，並代為驗車，以防電池耗盡或定檢過期。像我的大型重機，找不到會騎的人，就無法驗車，也無法發動去跑車，回國後要一切安好的風險就比較高。

6、自然災害：如颱風或地震，家中若需要有人幫忙查看屋況，也需提前安排好信賴的人選，把鑰匙交給他。

7、日文書籍：最好準備一本平日在用的日文文法書籍，有助更快速地適應當地語言環境。

8、信用卡：日幣便宜的時候，出門在外盡量使用信用卡，有的信用卡回饋不少，等於免海外手續費，現金則留給小店鋪和公車等需要時使用。日本社會目前還是喜歡使用現金，但paypay開始普及了，或許可以辦一張支援paypay的信用卡。我因為不喜歡身上一堆卡片，所以就不找這個麻煩了。

9、水果：日本的水果種類不多，而且都很貴，建議出門前，多吃一點台灣水果，才不會相思氾濫。荔枝、龍眼、蓮霧等有錢也買不到，連芭樂、木瓜都很稀少。

10、一切從簡：居住空間有限，生活物品盡量精簡且一物多用，以節省空間。

　　提前規劃和準備這些細節，不僅能讓你在新的環境中從容應對，也能更加專注於即將到來的全新體驗。

## 附錄 2

# 出發前，台灣住家的安排

　　我們夫妻不在家，家裡就是鬧空城計，孩子都忙而且路迢迢，所以出發前一定要先降低室內溼度，避免對房子造成傷害。

1、出發前三天，停止使用浴室，讓它徹底乾燥，否則很容易發霉。（朋友的社區就在我家旁邊步行五分鐘，有公共浴池設施，所以我們可以過去使用。）

2、關上所有門窗，只留下浴室和陽台的窗戶。請斟酌自家房子的座向決定，打開就算風雨很大，也不會有大影響的窗戶。

3、出門前一週，努力除濕，尤其是衣物間和臥室。有些旅居美國的人，會使用遠端遙控除濕機，但我們沒有這種智能設備，也不打算引進（かない總覺得個資會被偷窺，非常抗拒）。然後把衣櫃門和抽屜都打開，比較貴重或是白色衣物，用塑膠袋包好，放在陽光照不到的地方。重點是：衣櫥不能塞滿衣服，一定要讓衣服有呼吸的空間，平日就控制在八分滿，去日本帶走幾件，就變成七分滿。這次經驗是：四個月後中途回台，衣物還是很好。當然かない的好友每個月會進來屋內一次，開窗開門待上一小時後離開，應該也是有幫助。

4、冰箱淨空。如果可以清洗乾淨最好，記得冰箱門要打開，才不會發霉。但我們是選擇依舊插電，只有清除生鮮食物。

5、拔除所有用不到的插頭。以我家為例，只留下網路、冰箱和冷氣的用電。瓦斯一定要關閉總開關。

6、 至布料行剪裁最便宜的裡布（寬幅的較好用），覆蓋在沙發和床鋪上。避免灰塵堆積或是發霉，以便回國當天有床可以睡。

7、 加入住家社區群組，才能即時掌握社區相關資訊。如遇地震或颱風，就能知道社區是否有損害，以便及時聯絡朋友查看，將損害降低。

### 附錄 3

# 團地介紹與 UR 申請流程

## 團地介紹

　　團地就是日本的國民住宅，只要是日本人或是有在留卡的外國人都可以申請承租。目前只租不賣，政府一律委託UR機構（半官方的財團法人）負責管理。所以沒有禮金、謝金，也不用保證人，期滿自動續約。一般房東不愛的弱勢族群或是容易被歧視的老人都可以承租。

　　租金非常合理，至少便宜25%甚至只有半價，居住環境不錯，很多私人大樓也無法企及。

　　以長住團地為例，社區大多公園化，棟距非常大（約85公尺），中間是草皮綠樹和停車位。只要有空房釋出，幾乎一兩天就被登記了，要入住需要很好的運氣啊！

　　網路上有些人說，團地老舊隔音不好。但是以我們的居住經驗而言，日本人很安靜自制，其實沒什麼噪音，如果有，應該就是我們兩人的聲音，哈哈！社區均有服務中心，我們這裡的服務人員有四名，其中一位還會說中文，只能說我八字太好了，處處逢貴人。

## UR 申請流程

（1）找房子

　　可以先在網路找找，因為通常不太會有空房，如果有的話，趕快去團地所屬的服務中心登記，才不會錯失機會。

(2) 申請

　　申請單位通常是團地裡的服務中心，可以先請他們簡單過濾一下在留卡，看看是不是有資格，然後再進行後續的資格審查。

(3) 參觀房子

　　一般屋況都會整理得很乾淨整潔。

(4) 提出文件

　　團地服務中心會告知所需文件、何處遞交文件、如何進行資格審查等，一般會要求在留卡及銀行開立的存款餘額證明。

(5) 定約

　　簽訂契約大約需要二個小時左右。UR會說明規定，並幫忙連絡水、電、瓦斯等開通，若租金要由銀行自動扣款，UR會幫忙代寫，然後再自行去銀行辦理。

(6) 入住

　　UR的服務體驗真的很好！推薦有機會可以入住團地。

## 附錄 4

# 在日本的花費

**學費＋住宿費**：這次（近6個月）的花費，兩個人的學費加上住學寮費用約130萬日幣（不含團地租屋費用）。

**生活費**：我們生活很簡約，兩個人一個月的生活費約20萬日幣（含水、電、瓦斯等日常生活開支），所以近6個月的總費用約120萬日幣（不含出遊與額外購物）。

在日本，水、電、瓦斯費較台灣貴一些，每個月約台灣的二倍多。和同學們比較一下發現：一個人住和兩個人住的金額差不多，甚至我們還更省一些，因為我們習慣早睡早起，電燈用得少，也不常泡澡！

對我們來說，在日本生活最大開銷是吃！因為老人一定要重視營養的攝取才不容易生病，偏偏日本的蔬菜水果，大部分都比台灣貴許多，例如一小把茼蒿菜就要299日幣，買四把才等於在台灣的一盤！吃佔據很多開銷，我又是一個要天天吃水果的人，有時候真的吃膩了，就買100%果汁代替一下。

舉例來說：西瓜大概一份就要560～1200日幣（看大小顆，我們都買1/6）。只有香蕉長期價格較穩定，約380日幣。鳳梨一盒也是600日幣左右，算是便宜的水果！如果是外食，吃好一點的話，一餐一個人約4500日幣，若吃簡單拉麵或是酸辣麵大約1000日幣。

日本的交通費也很高，20幾分鐘的公車就要360日幣（里程約5.6公里），幸好我們大多騎腳踏車，省了很多錢！（以上為2024年9月資訊）

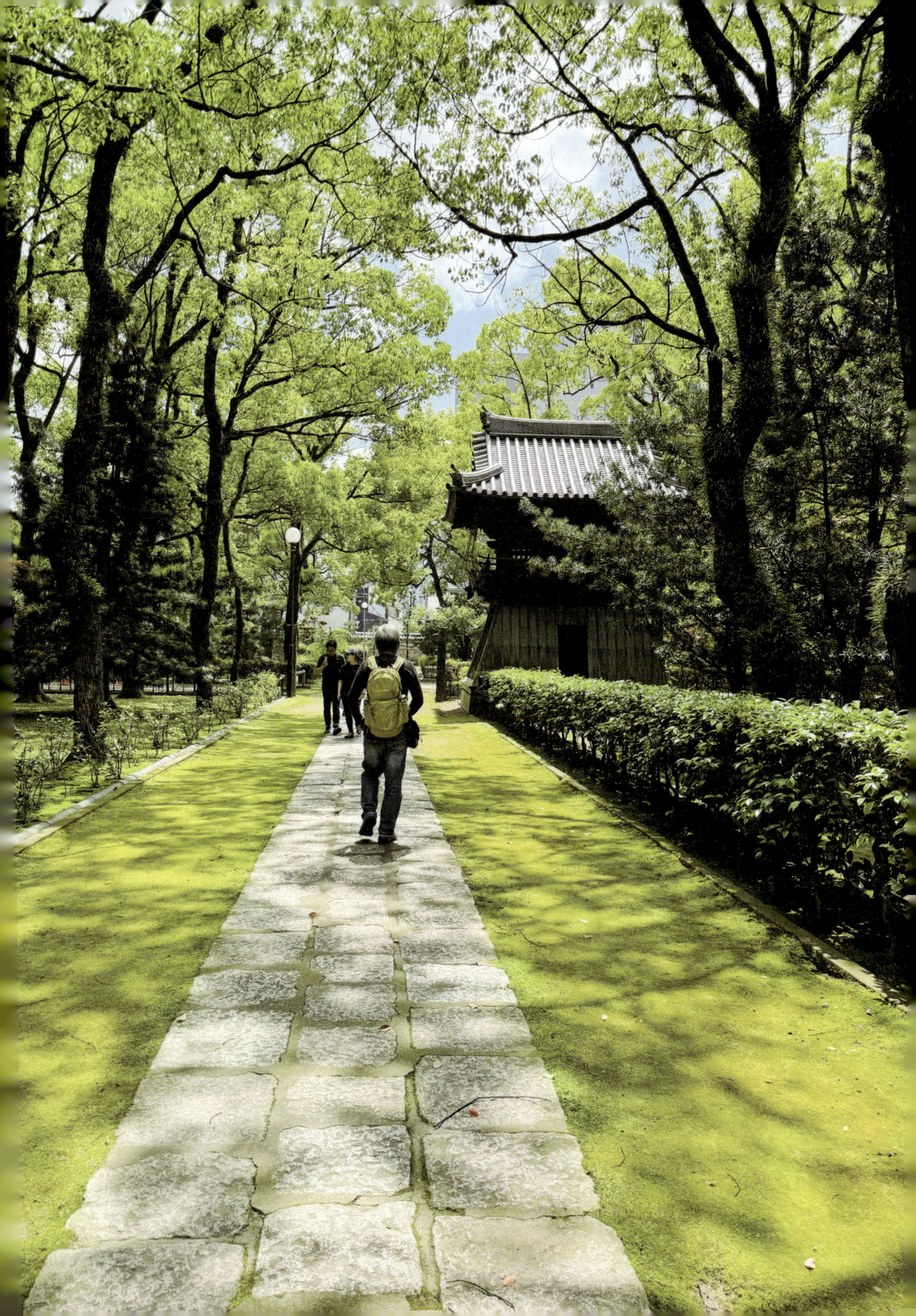

## 後記 每個人都可以活出自己想要的樣子

從日本回來已經幾個月了，再回頭想想所有經歷過的一切事情，這樣是不是值得？我的答案是「值得」。

因為我的重點根本不是在學習語言，而是一種旅遊，這種旅遊是我前所未有的。日本我已經去過太多次，如果以天數來計算，在此之前的旅遊天數相加也有200天以上，但是這一次最特別。

在還沒去之前，我也沒想那麼多，總是認為有去做才有機會。我們兩個人年紀加起來130歲了，如果想太多，那就沒有這次的特殊體驗。

所以我的感覺是，你如果想去做那就去做，去做之前要把自己的身體先照顧好，如果還可以到處趴趴走，那麼年齡根本就不是問題。

這次來日本Long Stay跟以往最大的不同，是看到了很多一般旅遊看不到的東西，也經歷了很多一般旅遊沒有的體驗。

比如說：我是用學生身分來日本，所以才有機會到教室上課，而距離上一次到教室上課也是幾十年前的事了，只有在這次的Long Stay，才有機會重新體驗、重新回味，或許也可以說讓自己再重新年輕一次吧！

我的結論是：Long Stay可以當作是種深層的旅遊，這種旅遊方式及產生的迴響，可能會陪伴你一輩子，如果身心狀態還可以負荷的話，怎麼可以錯過呢？

兩個不太會玩臉書的老人，發想「台灣老人留學日本」這個社團，其實只是想為自己留下紀錄，感謝一路上所有臉友的支持和鼓勵以及回應，我才能有毅力的寫了半年的日記，從小就不太會寫日記，總是今天抄昨天、

昨天抄前天，沒想到來日本Long Stay，竟然幾乎可以天天寫日記，這也是我個人的第一次。

特別感謝Christine Lin和Jabez Peng兩位創始元老提供很多建議：設立精選文章，找很多資料、幫忙回答臉友問題，還有幫我們解決社團運作的技術問題！

還有Hiro Inoue，經常提供即時在地訊息，かない想爬山也幫她找了當地的社團，真的很感謝。

以及不在社團的杜小姐，她遠在台灣提供我們很多有用的資訊，讓我們的家具問題得到了解答！

團地的井浦小姐，幫我們聯繫水電瓦斯公司，甚至回國的包車也是她絞盡腦汁找出來的。

感謝這一路上相遇的每個人，都滋養豐富我們的生命！老人不再是默默凋零，而是可以活出自己想要的樣子，謝謝大家給我們的勇氣和續航力，也祝福所有人都能築夢踏實！

生活風格 127
## 勇敢出發吧！
## 退休後我去日本留學LONG STAY
讓自己再冒險一次，活出想要的樣子，到日本實現學習、
旅居、體驗異國文化的第二人生

作　　　者　呂志興

編 輯 四 部
總　編　輯　王秀婷
主　　　編　洪淑暖

插畫/設計　Pure

發行人：王榮文
出版發行：遠流出版事業股份有限公司
地址：104005台北市中山北路一段11號13樓
客服電話：(02) 25710297　傳真：(02) 25710197
劃撥帳號：0189456-1

ISBN 978-626-418-050-4
2025年3月1日 初版一刷
定價：新台幣380元
缺頁或破損的書，請寄回更換
著作權顧問：蕭雄淋律師
有著作權‧侵害必究 Printed in Taiwan

**YL** 遠流博識網
http://www.ylib.com
E-mail:ylib@ylib.com

國家圖書館出版品預行編目(CIP)資料

勇敢出發吧！退休後我去日本留學Long stay：讓自己再冒險一次,活出想要的樣子,到日本實現學習、旅居、體驗異國文化的第二人生 / 呂志興著. -- 初版. -- 臺北市：遠流出版事業股份有限公司, 2025.01
　　面；　公分. -- (生活風格)
ISBN 978-626-418-050-4(平裝)

1.CST: 留學 2.CST: 生活指導 3.CST: 日本

529.25　　　　　　　　　　113018306